U0129280

舞詩樂趣多

鐘友聯 著

文　學　叢　刊

文史哲出版社印行

國家圖書館出版品預行編目資料

舞詩樂趣多 / 鐘友聯著. -- 初版 -- 臺北市：
文史哲, 民 104.08
頁; 公分（文學叢刊；354）
ISBN 978-986-314-270-6（平裝）

851.486   104054321

文 學 叢 刊   354

舞 詩 樂 趣 多

著　　者：鐘　　　友　　　聯
出 版 者：文 史 哲 出 版 社
http://www.lapen.com.tw
e-mail：lapen@ms74.hinet.net
登記證字號：行政院新聞局版臺業字五三三七號
發 行 人：彭　　　正　　　雄
發 行 所：文 史 哲 出 版 社
印 刷 者：文 史 哲 出 版 社
臺北市羅斯福路一段七十二巷四號
郵政劃撥帳號：一六一八〇一七五
電話 886-2-23511028 ・傳真 886-2-23965656

定價新臺幣四〇〇元

二〇一五年（民一〇四）八月初版

自　　序

　　為什麼要寫作呢？心中有話要說，不吐不快的時候，就會提筆來寫作，以抒發心中的思想。找人聊天，要有特定的時間和對象，寫作就簡單多了，一隻筆，一張紙就可以滿足了。又何以要發表呢？既然文章寫出來了，就希望有人讀，引起別人的共鳴，進而相互交流，互相砥礪。古人所謂「文以載道」，那就更應該發表，才能發揮作用，否則就失去意義了。

　　從這個觀點來看，文學是不能關在象牙塔中，必須被人群接受，才有意義。文學體裁，何以一直在演變，就是要隨順時代的潮流，不斷地調整，不被大眾接受，自然就會被時代淘汰。不被大眾接受的作品，孤芳自賞，自己留作紀念，也就不必發表了。

　　喜歡寫作的人，都會尋找自己最喜歡，最拿手，最方便，最擅長的的方式去表達。這是多元自由的時代，各盡所長，各自發揮，互不干涉。過去我也曾熱衷於現代詩的寫作，曾經出版兩本新詩集。雖然新詩沒規則限制，很自由，但我認為「無法之法」是最難的，寫的好，很不容易。

　　愛上打油詩的寫作，純屬偶然，有點不可思議，現在已經覺得很適合於我了。主要是因為上了年紀的人，不宜

長期伏案寫作，尤其是電腦文書處理。打油詩的創作，太適合於我了，簡單幾個字，就可表達一個完整的理念。最大的動力，是我這些突破傳統的淺白詩歌，受到廣大讀者的喜歡。很多人拿來書寫，有的人一一加以抄錄，當我看到，有人用手工抄錄，製作成環保書，做了十幾集，展出的時候，內心的感動，絕非寸管所能表達。

　　幾年下來，已經累積了上萬首詩歌，現在抽空加以分類編輯，本書就是以我愛打油詩為主題，表達我創作的理念，文學觀，以及創作的樂趣。會形成這些創作，主要也是因為在創作發表的過程，曾經引發古典學究的爭議。這是難免的。我完全樂在其中，沈醉於創作的樂趣當中，無暇去相互批判，或是去議論，只是偶而，還是以詩歌的方式表達自己的看法。

　　恩師愛新覺羅毓鋆大師常說，昔人作詩，全是隨性之所至，心裡怎麼想就怎麼說，與後人作詩要找平仄不同，後者往往會以詞害義。我的寫作，完全是隨興之所至。感謝廣大的讀者喜歡我的詩，感恩這麼多素昧平生的書畫家，用心書寫插畫，增加本書的可讀性，讓讀友更加喜愛，更樂於收藏。在此致上十二萬分的謝意，感恩大家的支持，讓我有繼續創作下去的勇氣。

鐘友聯　謹識
2015 年 7 月於淡水不二草堂

舞　詩　樂　趣　多

目　　次

第一章　我的詩

書畫　陳世傑大師

我的詩

脫口而出老少宜
朗朗上口近常理
生難字詞全都棄
咬文嚼字本不須
不忌俚俗不稱鄙
雅俗共賞才有趣
平仄不論非近體
順來一韻押到底

無典故

淺白通俗無典故
販夫走卒皆能讀
文以載道不能免
難讀不讀何能悟

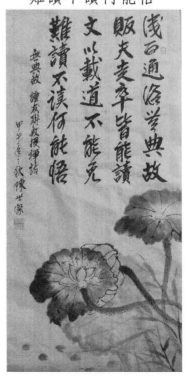

難登大雅

塗鴉之作臉應紅
遊戲文章一場空
難登大雅餵書蟲
不料贏得大師寵

順口溜溜

不必搔首髩斷鬚
順口溜溜卻必須
寄語天下墨騷客
無酒無詩少人趣

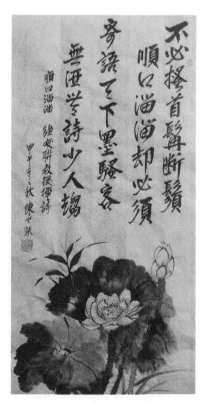

不按牌理

不按牌理出奇牌
詩格詞律旁邊擺
信筆塗鴉揮灑來
道出真意眾喝采

莫笑淺

欲留針砭在人間
五光十色皆雲煙
勤創詩詞莫笑淺
片言隻語悟成仙

打油詩讚

朗朗上口擺第一
咬文嚼字不受喜
平仄典故全不必
輕鬆一韻押到底

朗朗上口

興緻一來把詩歌
與時俱進笑呵呵
朗朗上口有特色
努力推廣成長河

自成一派

詩能流傳皆淺白
生活語言是我愛
辭能達意理無礙
老少咸宜成一派

不避俗

靈感一來脫口出
行雲流水不避俗
之乎也者全摘除
自在揮灑前無古

第二章　非詩不可

書畫　黃顯輝大師

茶餘飯後

茶餘飯後把詩吟
自娛娛人心地純
遊戲人間別當真
日月星辰知我心

已成痴

脫口而出盡成詩
日日創作已成痴
若有所悟不藏私
非詩不可報您知

傳心聲

破邪顯正論英雄
飲水冷暖問蒼生
如有神助靈思湧
非詩不可傳心聲

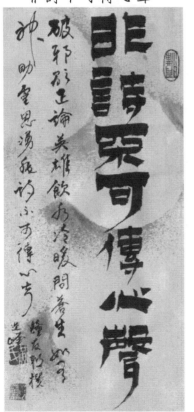

鵬程高飛

非詩不可遇故知
惺惺相惜千里馳
兢兢業業把夢織
鵬程高飛梧桐枝

思水源

非詩不可瀑布前
奔瀉而下白如練
痴痴傻望思水源
日夜不息源頭遠

古　風

吟詩作對有古風
詩詞會友千里逢
千古風流韻事紅
如今全付笑談中

美景前

非詩不可美景前
汪洋一片浮雲翻
宛如孤島山頭尖
俯看雲海我如仙

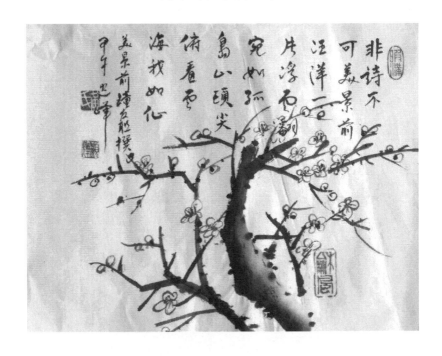

脫口出

七步成詩眾皆服
李杜文才我不如
靈泉巧思藏於腹
非詩不可脫口出

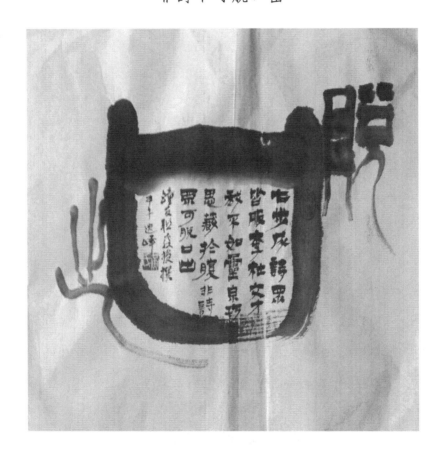

全到位

非詩不可遇好茶
香甘醇韻樣樣佳
天地人和全到位
口齒留香真不假

供人賞

多情種子莫亂灑
醉迷紅塵心如麻
化作詩文供人賞
煩惱全無笑哈哈

第三章　玩　詩

書畫　魏麗卿大師

詩　香

有詩一室香
千里傳芬芳
爾來頻分享
得志喜洋洋

詩　海

詩海自悠游
筆墨當划舟
從來心地柔
渡眾多運籌

詩　緣

詩緣不容疑
只待得靈犀
時空會交集
塵海相遇奇

不惹嫌

歪詩不惹嫌
有悟又有禪
荒漠得甘泉
淡茶粗食甜

玩　詩

玩詩樂趣多
智慧此中求
沈思片刻後
三言兩語就

少華采

文詞少華采
素顏求自在
若要施粉黛
礙難入心海

把詩玩

最愛把詩玩
天天有期盼
塵海貴心閒
何人不欽羨

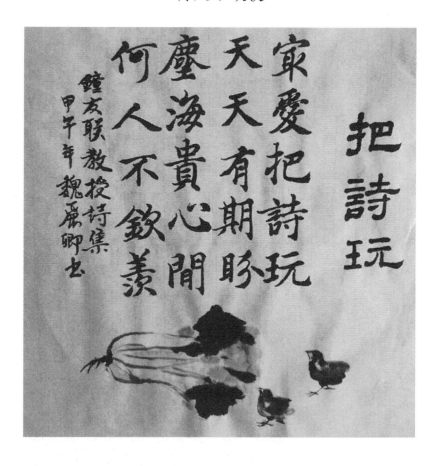

拈　詩

隨手拈詩來
質樸無華采
滋養比鮮奶
淨心入靈台

不一樣

無詩難分享
有詩不一樣
讀詩喜洋洋
吟詩滿室香

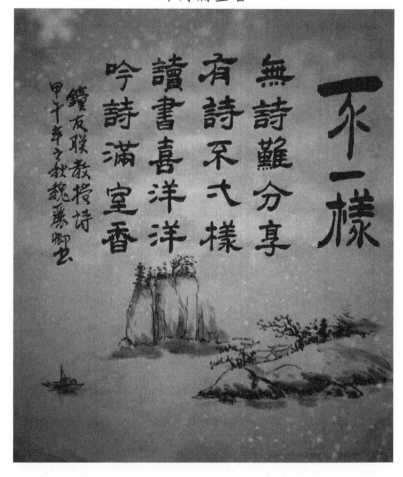

詩渡人

衷心一片詩渡人
筆墨清輝不求深
但問上口入人心
還我天真早離塵

第四章 詩顛

書畫 陳秋宗大師

詩 顛

譽我詩顛幾分像
心無掛礙天真樣
封號由人隨心相
萬眾一呼滿天響

幾分像

舞文弄墨當休閒
正經八百全都免
真心流露不必編
修成正果成詩顛

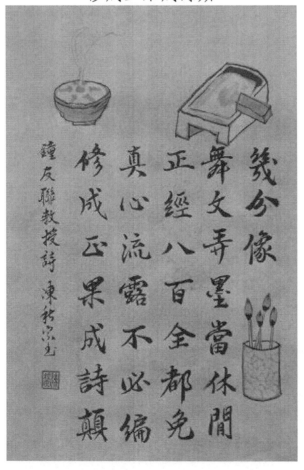

離苦得樂

詩顛竟成活神仙
渡人以詩天下先
痴心妄想盡棄捐
濟弱扶傾我來擔

文曲加持

感恩識抬舉
李杜我難及
文曲加持力
或許可比擬

笑瘋痴

前世我不知
今生有夢織
片言隻語渡
不避笑瘋痴

以詩渡人

累劫修練始成仙
以詩渡人成道先
看破拿下一瞬間
當今有誰勝詩顛

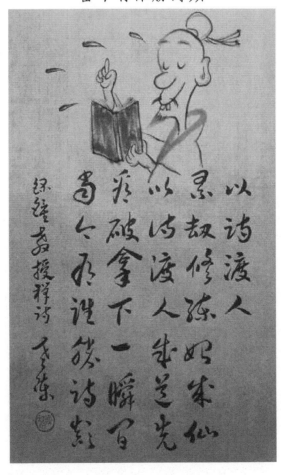

千古難遇

裝瘋賣傻走人間
打油歪詩渡成仙
天機玄妙嘻笑間
千古難遇一詩顚

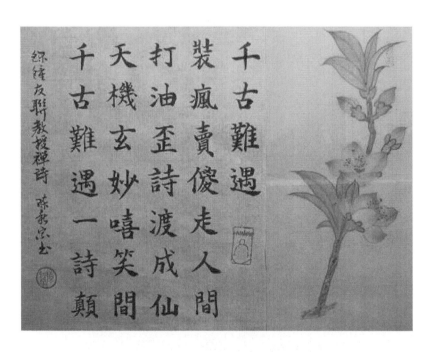

出詩顛

不瘋不狂難成仙
無憂無懼心地寬
童心童語似笨憨
天降大任出詩顛

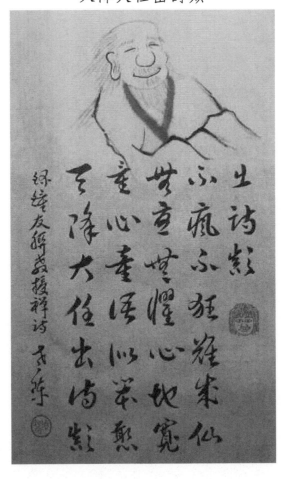

成詩顛

正經八百不好玩
道貌岸然難盡歡
希聖希賢念已轉
禮俗盡捨成詩顛

活神仙

眾家譽我活神仙
害我臉紅羞羞臉
自在就好心地安
諸君學我日日歡

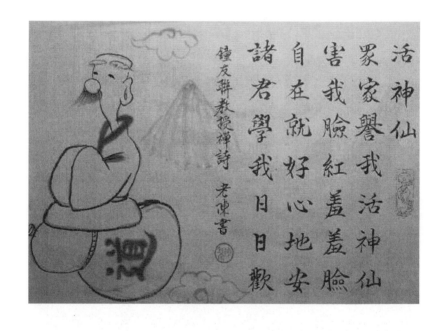

第五章　逍遙賦詩

書畫　楊靜大師

詩酒相會

撈月李白已成仙
觀月賞花唯友聯
今古輝映知音現
詩酒相會醉中見

大鼓舞

打油詩趣君愛讀
賞賜掌聲大鼓舞
詩如活泉脫口出
鰲頭獨占眾卿服

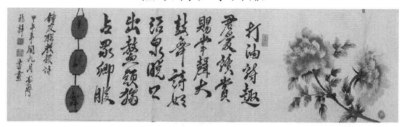

但賦詩

欲闖江湖機已失
時不我予難乘勢
無用書生蟄於斯
終日閒閒但賦詩

逍遙賦詩

逍遙賦詩為君來
利益有情本當該
行止自如常自在
醒世渡人往前邁

步履顛

詩酒相會我成仙
意氣風發步履顛
騰雲駕霧白雲間
飄飄何似一縷煙

只剩詩

庭前靜觀花離枝
仰視冠鷲展英姿
曾效鴻鵠欲展志
寄情山林只剩詩

醉神仙

有酒有詩醉神仙
古有李白今友聯
水底撈月太可憐
如花似月享眼前

不羨仙

有酒有詩怎羨仙
終日見山不是山
不信我家在雲端
飄飄何似浮雲間

禪　詩

今古混融雅俗會
不遣平仄諧韻對
直入禪心玉管吹
坐看雲龍天花墜

意憔悴

有詩有酒無人陪
月寒星稀北風吹
酒冷空窗意憔悴
無趣難醉獨自睡

第六章　詩　翁

書畫　吳明賢大師

臉　紅	墨　客
喚我農夫實如名	騷人墨客人間戲
譽我詩翁臉堪紅	曲高和寡似無敵
幫主大師戲作稱	風流倜儻常遭譏
老師教授似曾經	放浪形骸心孤寂

客來拱

翁一下山茂源
紅火爐閉不門山
逢相偶夕朝緣有
拱來喜客貴方十

源茂山下一詩翁山門
不閉爐火紅有緣朝
夕偶相逢十方貴客喜
來拱　鐘友聯教授禪詩窝客來拱
甲午之秋吳明興

難放空

翁詩成易容詩作
公阿當難卻兒養
空放難事俗塵紅
中雲飛鶴野如不

作詩容易成詩翁養
兒卻難當阿么紅塵俗
事難放空不如野鶴飛
雲中　鐘友聯教授禪詩難放空
甲午之秋吳明興

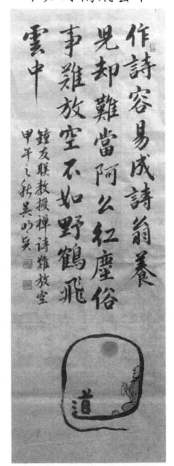

詩　翁

未老即呼翁
成詩非冬烘
打油勤作工
順口溜一通

中山會

九芎林中一詩翁
三教九流心相通
門戶派系全放空
紅男綠女會山中

老來旺

詩翁老來旺
登基山大王
管轄一籮筐
蜂蝶鳥獸忙

蝶鳥獸忙
大王曾轄一籮筐蜂
詩翁老來旺登基山
鍾友聯教授禪詩老來旺
甲午之秋吳明宏

玩興不減

詩翁
不學無術當　不通
平仄對仗全　弓
把鋤當筆竹當公公
玩興不減老

不學無術當詩翁平仄
對仗全不通把鋤當筆
竹當弓玩興不減
老公
鍾友聯教授禪詩玩興不減
甲午之秋吳明宏

幽　居

隱廬幽居當詩翁
開眼盡是鳥蝶蟲
日落影斜牆角橫
月升不知塵紅濃

不如農

談天說地一詩翁
憂國憂民心口痛
筆桿一兩鋤斤重
利國福民不如農

第七章　無詩不樂

書畫　莊美惠大師

拈花拈詩	遍地詩

拈花拈詩

佛陀拈花我拈詩
無花無詩難指示
悟得吸盡江水吃
一顰一笑全都知

遍地詩

美麗人間遍地詩
春夏秋冬美如斯
花開花謝盡可拾
打開心房機不失

響叮噹

千古流傳好文章
立德立言百世芳
唯有作品響叮噹
代代相傳代代香

有　詩

三餐有詩無人及
若愚若痴有天機
一揮而就傳天意
無詩不樂李杜齊

成詩大笑

成詩大笑意開懷
靈光一閃不意外
妙語如珠展文才
佳句偶成機難再

君子淡交

君子淡交情意堅
卅年世路時空變
雖無酬酢情不斷
金鑽情誼人天讚

友多聞

友多聞　心地純淨詩文
友諒友直　求出塵
無妄忮　高風亮節品
相互讚頌唯詩文

淨　友

廣結善緣三教多
網海無邊勝九流
人生在世如蜉蝣
難遇得遇是淨友

益　友

三人行必有我師
點點滴滴化成詩
益友讚友不藏私
樂得老翁筆下痴

無詩不樂

無詩不樂已成痴
把鋤翻土得靈思
煮茶吟誦不缺食
時有禪意裝滿櫥

第八章　無　詩

書畫　于人大師

譜一曲

有詩無歌難得趣
高人出手譜一曲
大聲唱出心底意
廣為流傳勝自娛

無　詩

鎮日枯坐苦無詩
徬徨心頭無餘事
翻箱倒櫃亦難拾
日已西斜鵲報知

詩文唱和

詩文唱和是我願
見與不見悉稱便
互歌互誦不互騙
哈哈一笑神仙現

眞富貴

禪語能破萬人睡
詩情橫掃千古醉
遍嚐人間這一味
始知此中真富貴

盡是詩

雞鳴報曉鵲躍枝
晨昏聒噪蛙滿池
花紅柳綠何須辭
春來處處盡是詩

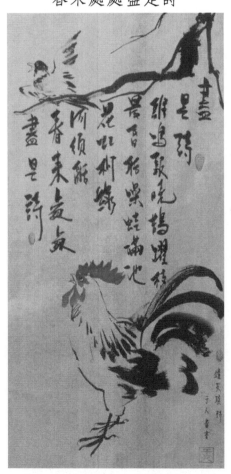

詩　寒

久無對口詩已寒
煮字烹句曝曬展
不作孤鶩獨自翔
唯盼落英霞滿天

道　情

春蠶天天吐幼絲
纏綿紛飛困自纖
閒來拈筆道情詩
只為寸心報妳知

非　蓋

以詩渡眾出苦海
苦口婆心傳博愛
舞詩弄墨勤不怠
下筆並非全是蓋

詩　窮

地老天荒詩已窮
海枯石爛難盡情
山窮水盡不賞景
風起雲湧獨自行

窮　忙

天天窮忙只為詩
欲效鵬鳥飛上枝
烹酒煮茶客來時
議論人生淚眼濕

第九章　筆墨功夫

書畫　呂政宇大師

盡成詩

不理三千煩惱絲
頭頂天光湧靈思
天機活潑筆尖示
朵朵心花盡成詩

詩　友

互歌互頌樂趣多
您來我往讚詩友
獨學無友必寡陋
有詩最美樂悠悠

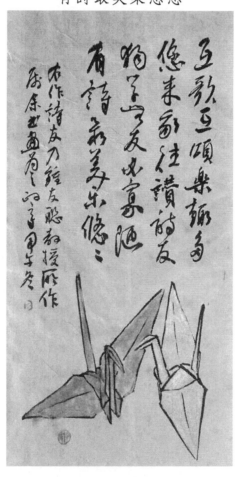

風雅事

吟詩作對風雅事
您來我往不造次
賞心歡喜入扣絲
朗朗書聲溢滿室

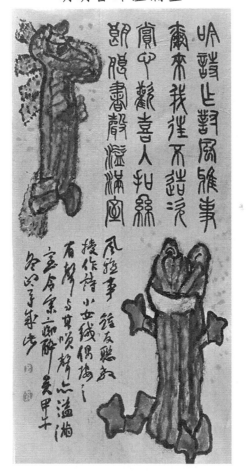

但賦詩

眾人笑我沒公司
不務正業無正事
足不出戶宅於室
閒閒沒事但賦詩

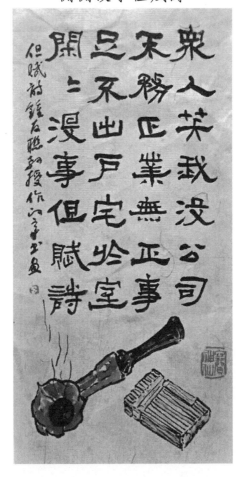

笑談詩書

仰首天外雲歸鄉
環顧人間茶飄香
溫飽知足身體強
笑談詩書傲群芳

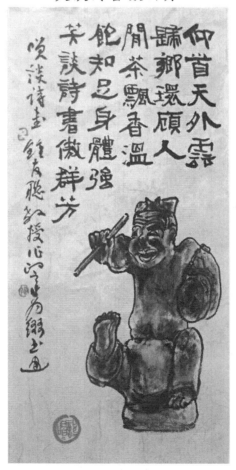

胸懷天下

讀書喝茶寫歪詩
活化腦筋智不失
足不出戶宅於室
胸懷天下慧眼識

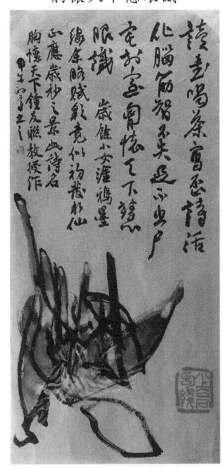

呼朋引伴

呼朋引伴吟詩來
動動腦筋不痴呆
遠離失智最自在
活得精彩笑咳咳

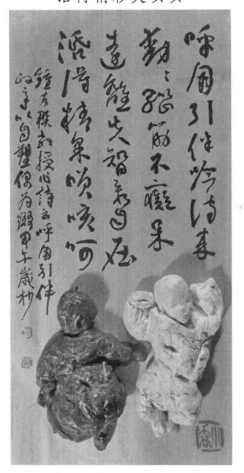

心靈富

舞弄詩文心靈富
吟詩唱和皆鴻儒
此中樂趣雅不俗
遠勝酒肉裝滿庫

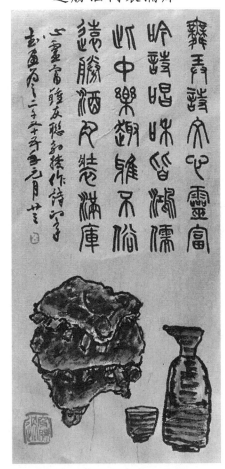

儒　俠

筆墨功夫不容假
胸無點墨難上架
揮灑詩文滿天下
以筆當劍稱儒俠

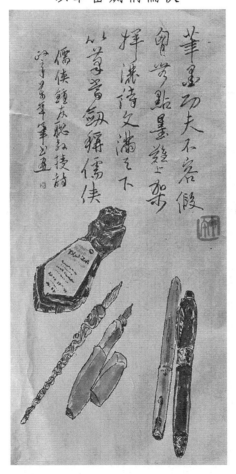

玩　詩

玩詩怡情養身性
動腦活化腦神經
以詩會友真性情
會心自得身心靈

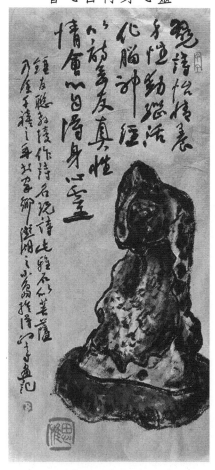

第十章　傳詩情

書畫　陳姿夙大師

沒讀者

咬文嚼字若不捨
脫離生活徒奈何
背離時代束高閣
難解難讀沒讀者

知音會

知音來相會
人間最寶貴
詩詞互吟對
天上無此味

寫詩歌

落筆思路不停滯
一氣呵成不作勢
自然天成不潤飾
突破藩籬不悖時

詩　味

山居有詩味
芬芳入心扉
有緣宿一夜
戀戀不思歸

泥　古

泥古從古受拘束
與時俱進有建樹
活化文字言有物
朗朗上口不突兀

醒 世

有趣詩文來得妙
點化世人用得巧
塵海寶筏此關竅
悟得拍手頻叫好

相疼惜

知音相疼惜
您我不嫌棄
八方全到齊
古今愛雅集

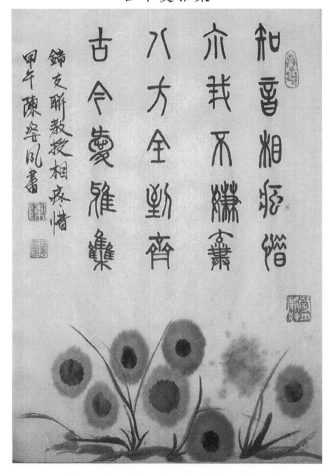

悟無生

一介書生心地純
不捨眾生苦沈淪
詩文點化悟無生
勇渡苦海得脫塵

傳詩情

有意出山林
抱得赤子心
意在傳詩情
不懼紅塵侵

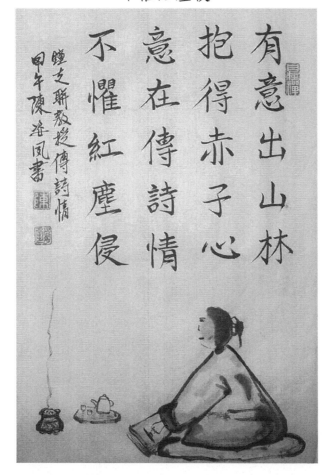

得　益

智者悟玄意
萬法盡歸一
禪詩盪心際
吟誦常得益

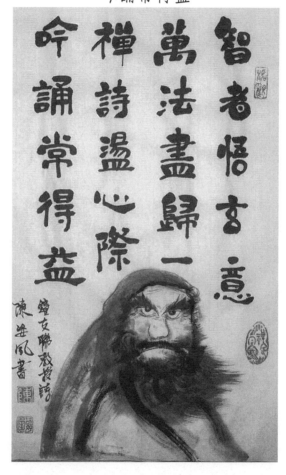

第十一章　筆耕心田

書畫　王金村大師

樣樣勤

心田硯田農田耕
山居歲月勤耕耘
筆耕鋤耕樣樣勤
無形收穫充滿心

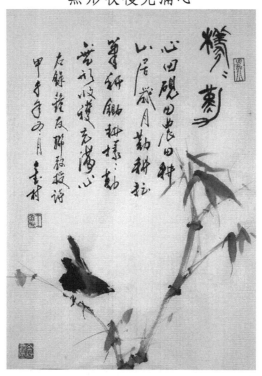

悟無生

花開見佛悟無生
有寫恰似無寫聲
存不存在幾人證
戲作小詩到三更

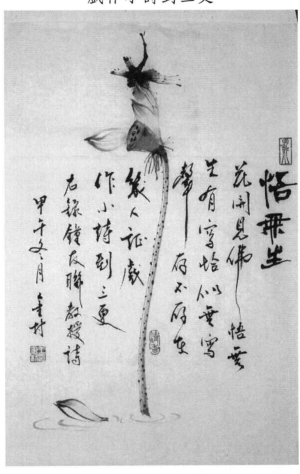

筆　舞

紙上把筆舞
揮灑意自如
猶如我耕鋤
犁田汗滴土

無　爭

農耕筆耕心田耕
風調雨順天地清
自己作主世無爭
您贏我贏大家贏

第十二章　尋　詩

書畫　詹有錦大師

詩　料

釣翁漁夫江上搖
落花流水盡詩料
喜怒哀樂仇煩惱
化成詩句雲天飄

日日有詩

若欲心不惱
日日有詩澆
案上心香燒
眉開樂逍遙

會心一笑

信手賦詩扣心弦
活捉禪意筆尖傳
詩詩入扣笑開顏
會心一笑把花拈

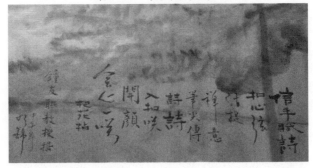

尋　詩

尋詩桶后溪
漫步乘微雨
路滑心孤寂
落寞有幾許

靈光突現

心窗一開天光來
靈光突現智慧開
日見美麗又精彩
玲瓏詩篇落滿袋

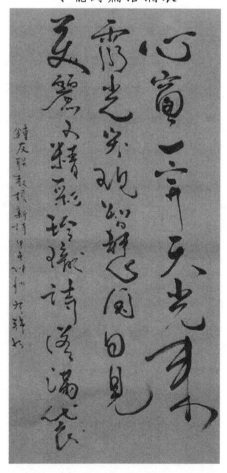

煮茶入詩

煮茶入詩心飛舞
爐煙飄盡無一物
無茶無詩難度日
有說有笑煩事無

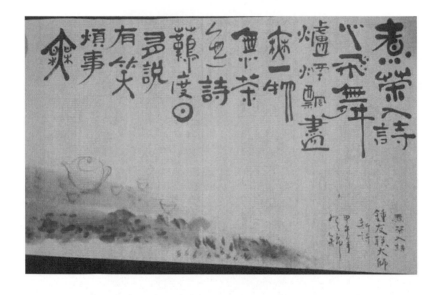

靈　思

無時不尋詩
遍地有靈思
有心盡可拾
自然為我師

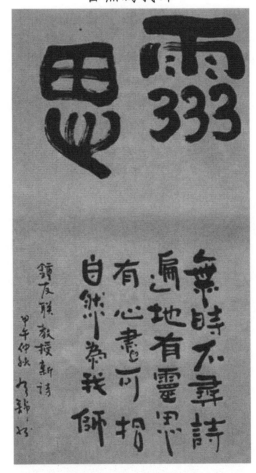

覓　句

尋詩覓佳句
搔首知拙愚
枯腸搜到底
成詩雀躍喜

遍尋不著

佳句何處覓
遍尋不著地
回神寬心息
原來在這裡

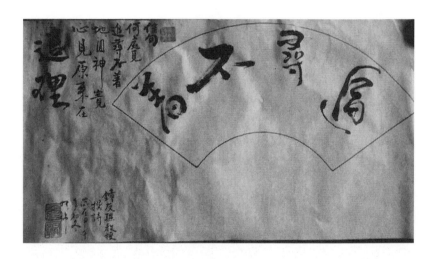

會　心

俯拾盡詩料
句句心花俏
朗朗上口謠
會心得一笑

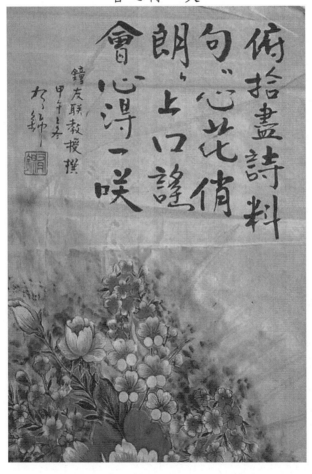

第十三章 覓知音

書畫 陳重夫大師

難覓知音

舞文弄墨常自遣
不忌俚俗君不嫌
相互啓發堪對眼
難覓知音在眼前

相　惜

伯牙遇子期
相知必相惜
吟唱在一起
今古視同例

得知音

千里得知音
詩詞來牽引
且把茶酒斟
遙敬一杯飲

知音會

君子之交淡如水
心靈交流知音會
無茶無酒詩作對
道義相挺最寶貴

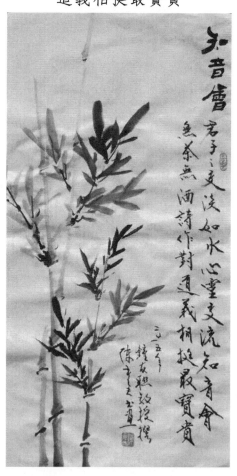

愛知音

無用書生愛知音
互歌互讚互賞欣
文字因緣互牽引
見與不見均入心

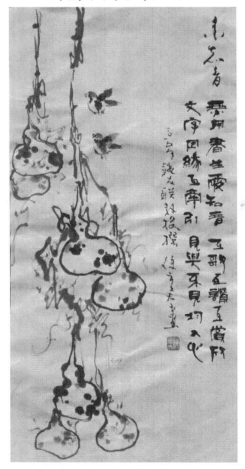

納為知音

一指神功讚到底
您的神勇確無敵
納為知音我歡喜
網路從此不分離

引知音

天涯芳草問白雲
大千世界何處尋
舞弄詩文引知音
翹首雲天任我吟

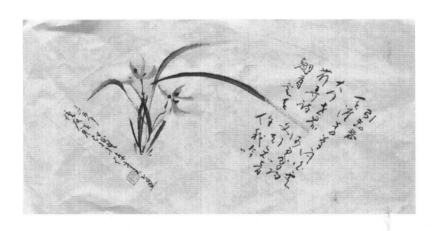

第十四章　神來之筆

書寫　黃登仕大師

靈　詩

律詩絕句全不是
平仄格律受限制
自性流露皆順勢
一揮而就現靈詩

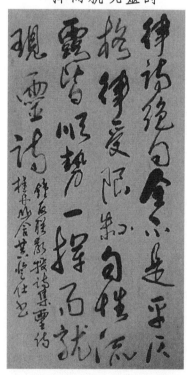

天　意

靈思上天啓
手握神來筆
出言合天意
不失人間趣

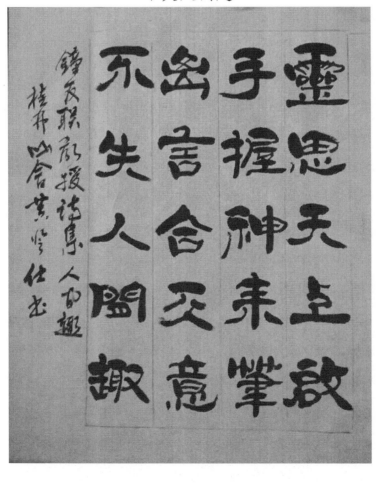

神來之筆

靈光一現見真我
脫口而出不思索
神來之筆摸不著
一揮而就當下握

信手塗鴉

靈感一來擋不往
不假思索脫口出
偶得佳句得神助
信手塗鴉難免誤

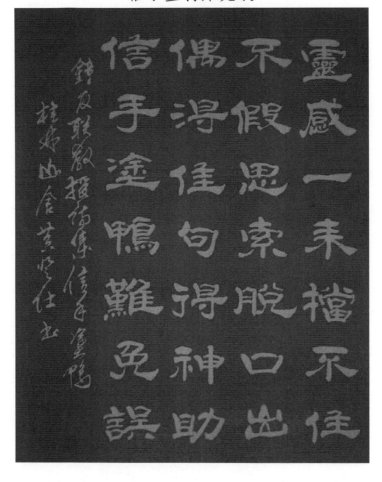

脫口而出

筆隨意走詩傳心
無病呻吟頭眼昏
舞文弄墨搔首人
脫口而出情意真

詩不孤

詩詞歌賦去陳腐
活潑語言今勝古
士農工商詩不孤
淺顯易解不避俗

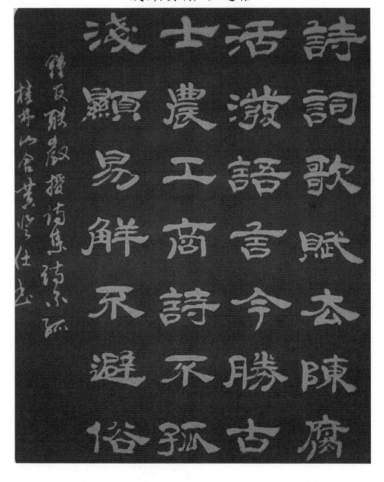

不循古

寧靜心海偶得悟
隨性揮灑意自主
平仄格律不循古
朗朗上口易解讀

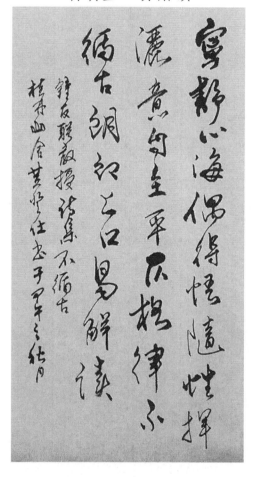

一揮而就

嬌情矯飾情多虛
雕肝鑿肺詞難寄
殫思竭慮尋無趣
一揮而就意合宜

以詩印心

文淺意顯傳真竅
看似平常忽略掉
以詩印心得其妙
有緣會心博一笑

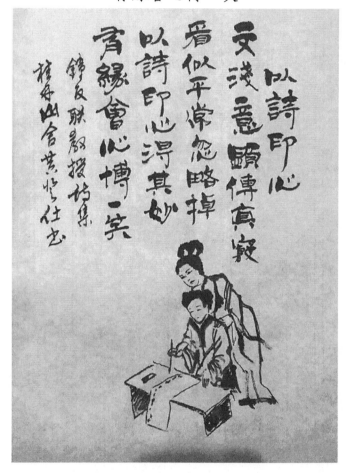

神　助

胸無點墨能提筆
古韻詩詞未曾習
滔滔不絕難自己
莫非神來助一臂

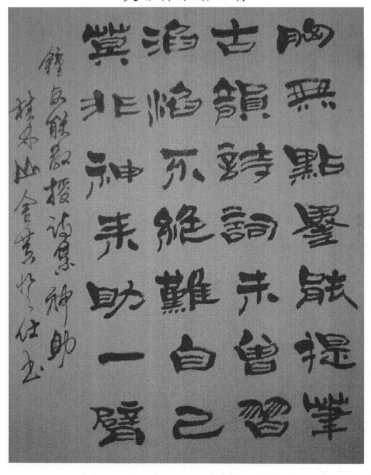

第十五章　有詩無詩

書畫　林文彬大師

盡入詩

柴米油鹽盡入詩
日用有餘無缺失
佳餚滿桌張口吃
幸福全是老天賜

靈　思

七情六慾可為詩
風寒冷暖燥熱濕
碧落黃泉現於此
靈思一來盡皆拾

卻有詩

說是無詩卻有詩
順手拈來糊塗事
詩文有味天天吃
言為心聲莫笑痴

有詩無詩

一日不發聲
日子苦難撐
吟詠滋潤深
歡心油然生

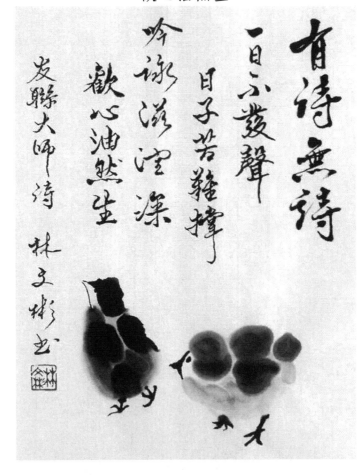

難成詩

文房四寶備於斯
不知何故若有失
定靜安慮得我知
惶惶終日難成詩

都是詩

有詩無詩都是詩
詞窮技短怎稱師
不吐不快不藏私
老天厚愛全在茲

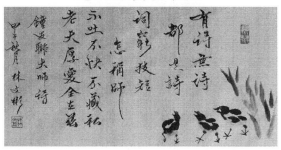

無 詩

終日苦無詩
日子若有失
心思果難知
失詩神魂痴

怎得樂

每日有功課
靜坐魂守舍
活泉解我渴
無詩怎得樂

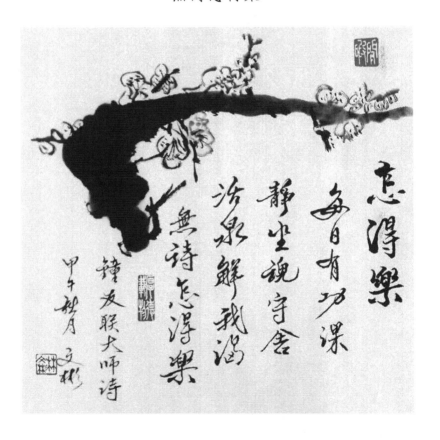

全是詩

一顰一笑全是詩
酸甜苦辣好味滋
花開花謝非無事
晨曦晚霞不漏失

苦無詩

偷懶睡到日頭赤
飽食終日無所事
光陰虛度全白吃
搜索枯腸苦無詩

第十六章　文友酬唱

書畫　鄭錫棟大師

相互酬唱

諸君智慧廣如海
古今難得曠士才
相互酬唱逼過來
靜靜旁觀笑開懷

讚村夫

出遊歸來文累牘
雖居寒山心不孤
你來我往讚村夫
感恩之餘效文殊

相知相惜

下筆成詩才學高
文人心境天下昭
互讚文采成聚焦
相知相惜絕不逃

詩興大發

互相啟迪智慧開
詩興大發有文才
你來我往上高台
天縱英明怎能埋

胸懷大度

能夠讚人見高強
胸懷大度有學養
人文相輕今已絕
互歌互頌詩文揚

趣味多

文友酬唱趣味多
靈思古怪點子有
逗得山翁笑瘋瘋
誇讚奇才天資厚

智慧長

耕讀多年智慧長
識得玄機在陰陽
虛靜空無抱滿懷
運轉乾坤在兩掌

一期一會

訪友千里不辭遠
未吃一餐往回趕
見證平安釋懸念
一期一會當留戀

一路發

休養生息再出發
不日即見連環發
沈潛多日將爆發
精彩可期一路發

忙裡偷閑

隱廬柵籬為君開
忙裡偷閒闖進來
不理紅塵是與非
但問歡笑那裡買

第十七章　山中吟詩

書畫　楊靜大師

笑哈哈

遊戲文章莫驚怕
你來我往把野撒
作弄戲謔你我他
得意之處笑哈哈

互唱和

鞠 躬 感 謝 君
菩 提 一 條 心
盼 能 日 日 臨
唱 和 把 詩 吟

吟　歌

我手寫我口
吟歌題材博
輕鬆不惹火
歡喜修正果

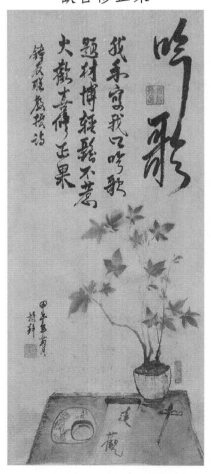

笑我痴

看 我 絞 腦 汁
就 為 一 句 詩
鬢 白 髮 頂 禿
人 皆 笑 我 痴

詩三千

吃過一攤又一攤
山珍海味知加減
飽食終日竟日閒
不如腹內詩三千

樂翻天

吟歌誦詩樂翻天
把酒言歡醉夢間
文人雅事就是閒
非醉非醒似神仙

非冬烘

山居吹仙風
蔬果滿園中
吟詩非冬烘
茶酒鬧轟轟

山中吟詩

老翁不懼烈日轟
雨淋更似甘霖逢
炎炎夏日有涼風
逍遙山中吟詩送

造　詣

詩人常互訪
文學造詣廣
情誼日日漲
珍惜不敢忘

吟詩趣

一來一往吟詩趣
一顰一笑心頭迷
一言一語非虛語
一心一意尋真意

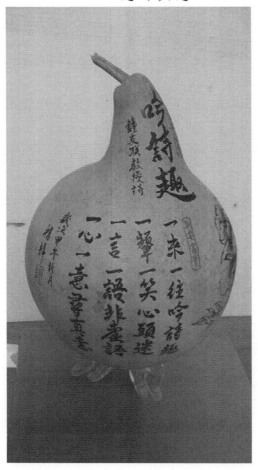

第十八章　以詩寫日記

書畫　劉嘉明大師

盡入詩

浮雲有行止
流水無停滯
飛鴿偶迷時
蒼狗盡入詩

不入詩

行為不造次
言志不差池
萬般不礙事
有何不入詩

話題多

紅塵有夢話題多
點點滴滴上心頭
不把煩事藏心窩
禿筆一隻不離手

千古風流

滿腹詩詞報妳知
荒唐真性躍於紙
自有分寸一把尺
千古風流盡在此

相互作弄

山居獨享揮筆墨
吟詩誦詞作秋波
魔音穿腦古琴破
相互作弄不寂寞

以詩寫日記

規矩無造次
筆墨操於室
生活有趣事
點滴盡入詩

詩裡有詩

天外有天難接近
人上有人何能聞
畫中有畫境界深
詩裡有詩意難盡

吟詩作詞

大千世界廣無邊
吟詩作詞互相牽
紅塵浩翰詩作緣
八方精英聚在前

鮮　事

鮮事一籮筐
童真心不枉
與孫互鬥搶
勝過濟顛狂

處處鮮事

孤陋寡見聞
處處鮮事陳
好奇皆入心
見證在詩文

第十九章　吟詩樂無窮

書寫　李家增大師

日日有詩

家在青山綠水畔
朝見群鴿穿煙嵐
暮睹萬家燈火閃
日日有詩心未閒

吟詩樂

品茗耕讀吟詩樂
風花雪月常自得
沈迷詩趣忘了餓
管他酒樓多美色

把字織

意到筆來即成詩
吾非學究把字織
放眼古今皆如是
朗朗上口始傳世

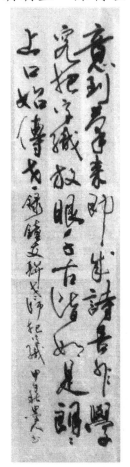

咬文嚼字

筆尖常開花
句句皆白話
吟詩非哈拉
善悟得教化

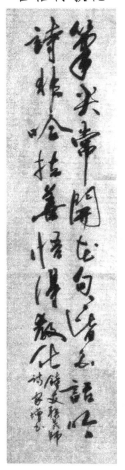

以詩下酒

以詩下酒前有古
分享詩文茶酒煮
若得知音頒讚詞
歡喜雀躍心滿足

枯　坐

窗外雨紛紛
無奈難出門
枯坐望雲天
無詩無精神

不　爭

下筆幾分勇
詩成見心胸
天地各自擁
詩林不爭雄

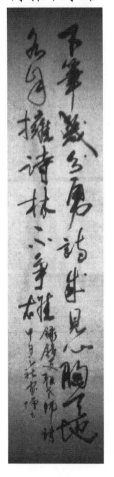

互歌詠

文人不相輕
雅士喜相逢
互讚互歌詠
吟詩樂無窮

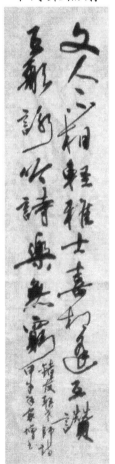

搶頭香

天天搶頭香
感恩您捧場
知音不相讓
詩海滋味棒

詩　香

茶鄉稻鄉我家鄉
詩香茗香菜根香
日月明光並佛光
福臨不絕到天荒

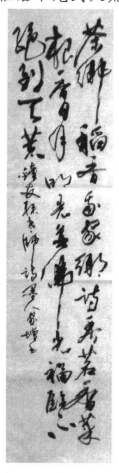

樂在其中

左鋤右筆尋自適
樂在其中發為詩
淡茶粗食無得失
容身之處就在此

今日有詩

今日有詩好開心
日子沒白活歡欣
勇猛精進破昏沈
日子充實留詩文

第二十章 鬥 詩

書寫 富貴大師

直行去

讀詩容易寫詩難
批評毀謗更簡單
放下萬端直行去
我行我素我平凡

得自在

苦心積慮把詩載
只為引得知音來
我學清風得自在
萬事那有此開懷

雅　事

鬥嘴那有鬥詩好
武鬥不如文鬥巧
文人雅事一籮筐
說得道得才是寶

漫吐詩書

漫吐詩書成我願
紅塵俗事全都捐
日行不輟心不閒
有志一同共結緣

以筆當劍

以筆當劍降群魔
江湖迷信一起破
妖言眾色不迷惑
邪不勝正難為禍

把字織

意到筆來即成詩
吾非學究把字織
放眼千古皆如是
朗朗上口始傳世

一杯酒

盍興乎來酒一杯
千年一夢似有約
干卿底事誰能解
漫漫雲河星和月

腦力激盪

腦力激盪鬥詩愛
您來我往展長才
最是難得反應快
哈哈一笑樂開懷

詩滿懷

笑傲江湖惹塵埃
童真未泯心自在
雲淡風輕看得開
霞光朗月詩滿懷

鬥　詩

您來我往互鬥詩
口吐蓮花有本事
大鳴大放大聲勢
吟聲笑語滿斗室

無輸贏

吟詩那有論輸贏
相互啓迪好心情
腦力激盪身心靈
人天共讚美詩景

有　趣

鬥詩真有趣
往來相互激
開發潛能力
有得笑嘻嘻

逗　詩

詩詞互挑逗
身心靈享受
文人雅事多
遠離文武鬥

逗　趣

筆尖可出氣
鬥詩真逗趣
知音互砥礪
得來不費力

第廿一章　舞　詩

書寫　胡興華大師

<table>
<tr><td>

黑白舞詩

詩要墨來舞
意境展鴻圖
黑白揮灑塗
詩書熔一爐

</td><td>

舞　獅

年節歡樂常舞獅
歡天喜地大盛事
敲鑼打鼓喜孜孜
招祥納吉福德施

</td></tr>
</table>

天天樂

品茗打坐茶禪客
天天吟詩天天樂
粗蔬淡食居茅舍
與世無爭知音得

戲　詩

俗眾愛舞獅
唯我勤戲詩
閉戶宅斗室
傾囊不藏私

下筆成詩

下筆成詩展文才
三不五時傳詩來
畫龍點晴得真髓
當今真有伯樂在

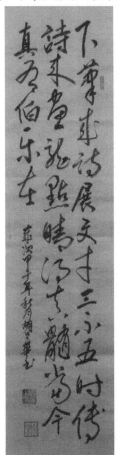

看我舞詩

從來古為師
點滴心中知
意來湧泉出
盡看我舞詩

把詩舞

詩書共一爐
興來把詩舞
禪心我做主
墨海任您塗

任意揮灑

內修外顯展天賦
無師自通才華露
任意揮灑筆墨舞
自成一格前人無

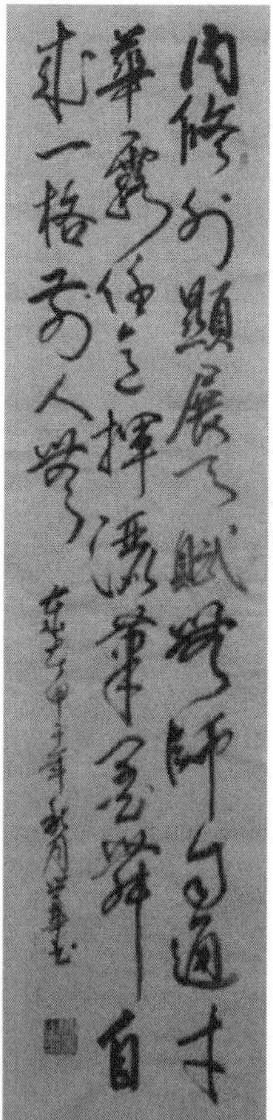

舞　詩

離塵心靜愛舞詩
覓得活泉湧靈思
微言大義託寄詞
墨海游龍吐金絲

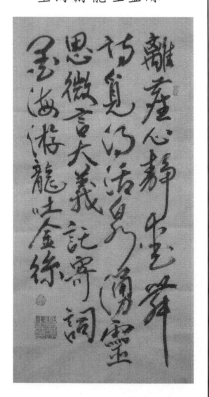

樂此不疲

訪客絕非等閒人
時時出題考山人
應接不暇成忙人
樂此不疲物外人

第廿二章　吟詩賞墨

書畫　仲崇霖大師

創作多

心無雜念不多說
清靜無為靈性活
一旦提筆文活潑
詩緒不絕創作多

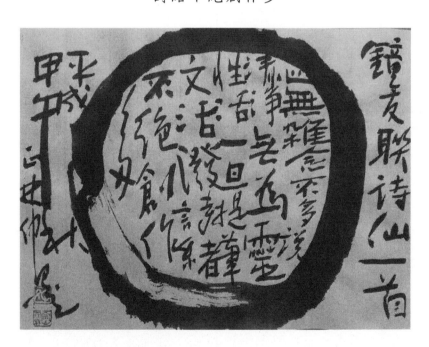

詩書相映

素昧平生文字媒
拔刀相助揮亳寫
詩書相映一片諧
怎不令我感動耶

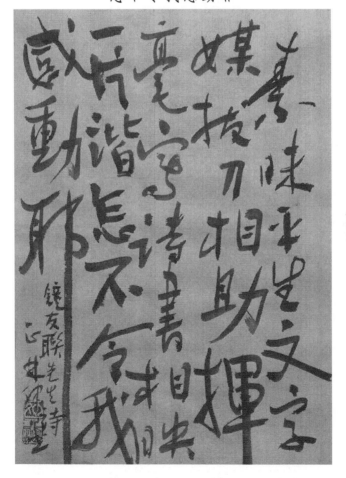

筆墨生涯

古今文人尚雅趣
吟詩揮毫兩相宜
怡情養性多愜意
筆墨生涯樂無遺

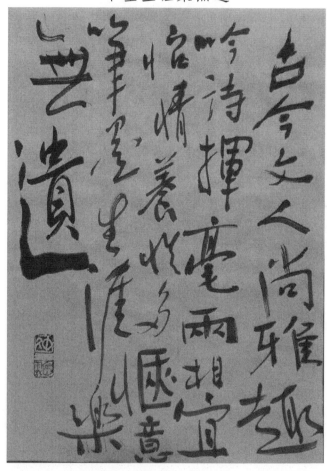

怪老頭

舞弄詩文怪老頭
信手拈來盡巧說
天天創作詩文多
一日不見真難受

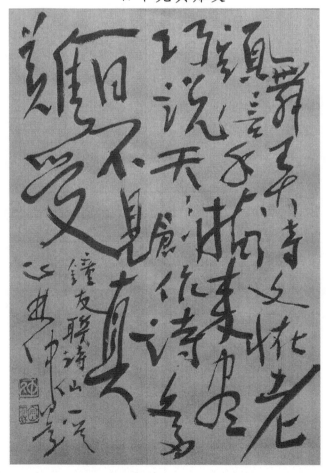

愛塗鴉

不識權貴野人家
閑來無事愛塗鴉
文雖淺白不失雅
娛悅大家舞煙花

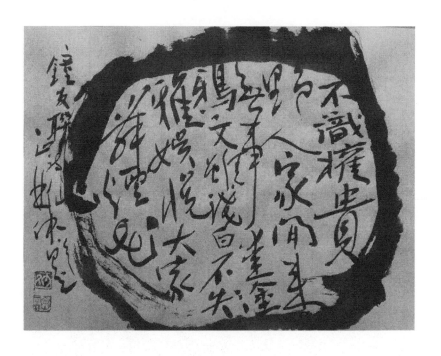

吟詩賞墨

揮毫寫詩兩隻筆
舞文弄墨在一起
相得益彰增禪意
吟詩賞墨真有趣

益世筏

宏揚歪詩賴書法
濟世利民益世筏
賞心悅目眼不花
流芳百世傳佳話

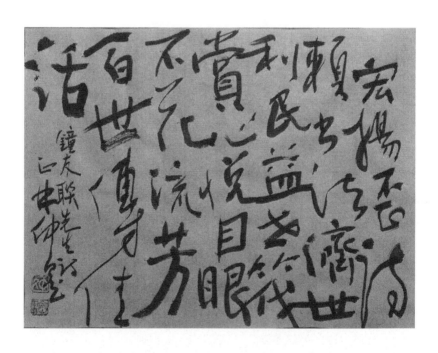

字如其人

字如其人情意真
信手揮灑功力深
詩添墨香雅趣增
推廣歪詩我感恩

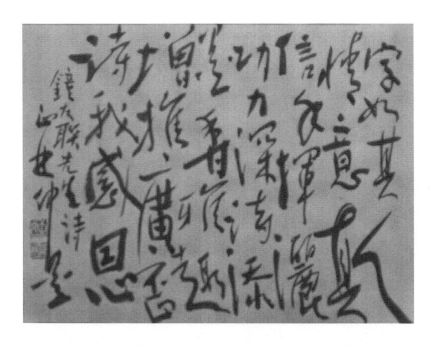

甘　泉

切莫小看我打油
清淨甘泉世難求
挹注心靈得離苦
無煩無憂歲月久

花樣多

同聲相應互唱和
習性近投常作樂
寸管當戈奮除惡
文人雅士花樣多

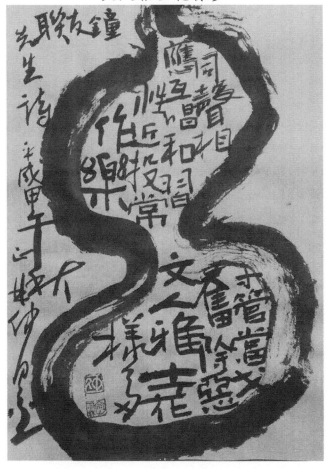

第廿三章　筆墨生涯

書法　張尚為大師

妙　筆

幸有妙筆生法華
舞墨揮灑任塗鴉
離苦得樂賴此筏
超凡入聖語非假

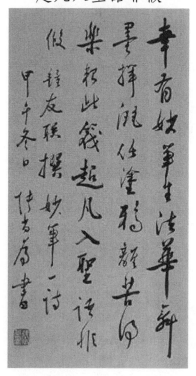

半　支

我有妙筆僅半支
悖離傳統寫歪詩
輕鬆道破塵間事
一片丹心天下知

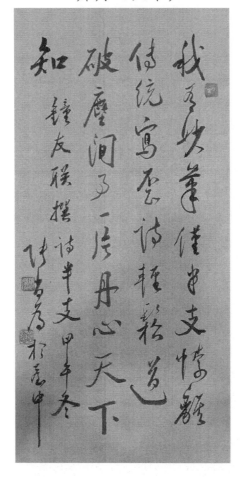

替天傳道

我有妙筆諸天借
替天傳道似有約
創作歪詩若指月
依言奉行塵凡越

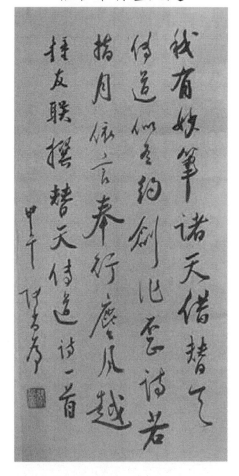

傳聖旨

神來之筆若有指
揮灑詩詞現靈思
若為上天傳聖旨
勇往直前認天職

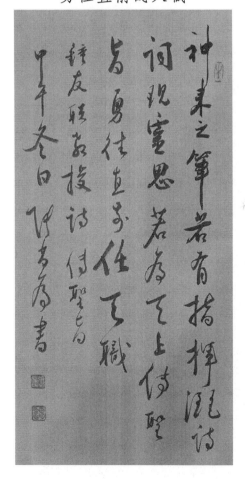

成大用

神來之筆輕輕鬆
不假思索若泉湧
意在筆先竹在胸
一揮而就成大用

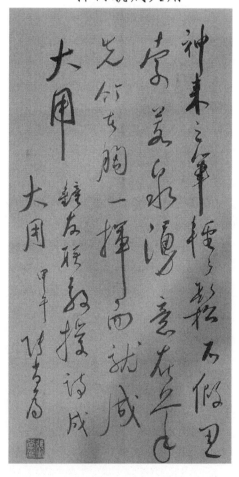

神來之筆

神來之筆偶出現
如珠妙語出筆尖
朗朗上口詩意顯
禪語歪詩切莫嫌

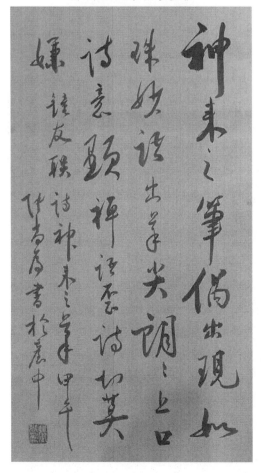

淨 化

不是妙筆怎生花
若無神助辭不雅
日日揮灑意無他
但求濁世得淨化

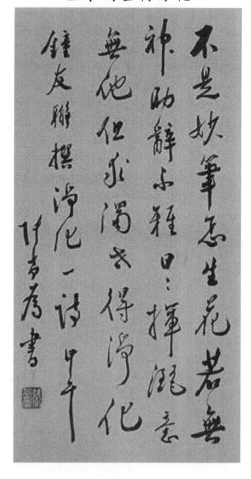

筆墨生涯

筆墨生涯原是痴
漫吟詩書當飯吃
自得其樂遭人嗤
百無一用竟是詩

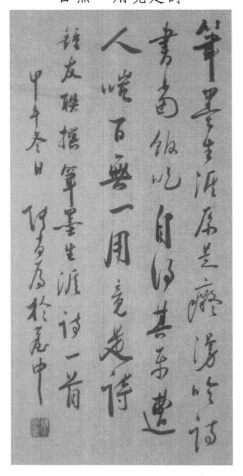

志　業

從來不曾語出玄
道在爾身路不遠
婆心意切振大千
但求志業留人間

上天賜

神來之筆上天賜
靈思一到化成詩
片言隻語有啓示
火宅奉行不迷失

第廿四章　塗鴉傳心聲

書寫　王熙元大師

塗鴉傳心聲

塗鴉塗鴉我最愛
順口溜溜全無礙
不忌俚俗全白話
人人看懂不用猜

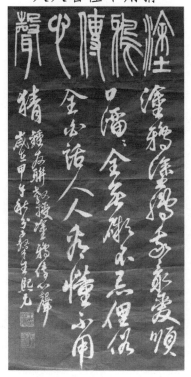

喜欲狂

遊戲筆墨難入堂
以詩會友神氣爽
相知相惜不笑猖
兄台相邀喜欲狂

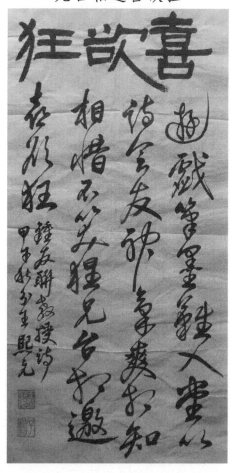

喜相從

舞文弄墨趣味濃
吟詩作對賞花容
文人雅士喜相從
坐看林間翠玲瓏

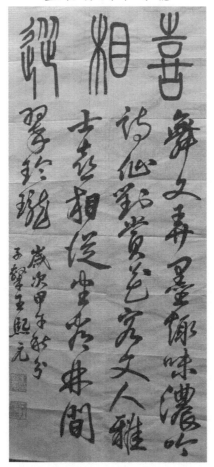

舞文弄墨

舞文弄墨最在行
邪魔之辨他專長
不執不著不驅狂
直心無染是道場

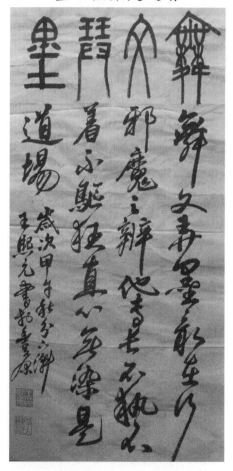

遊戲文章

遊戲文章一起來
隨手拈來論好歹
喜笑怒罵皆精彩
互吹互捧逗開懷

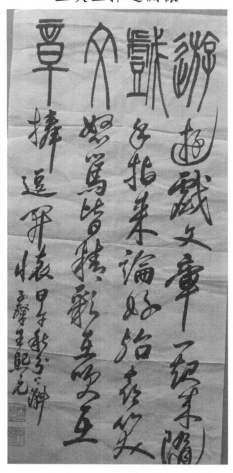

塗　鴉

百無一用是書生
閒來塗鴉傳心聲
積少成多累成牘
時時檢視當自省

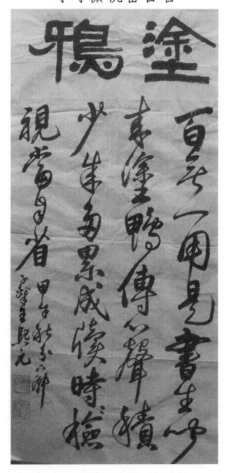

賦詩怡情

呼朋引伴把詩寫
高歌一曲創新頁
賦詩怡情天地帖
您來我往人不解

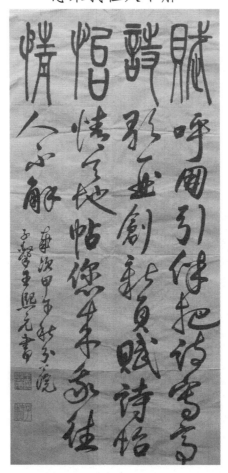

正經八百

學府苦讀剛熬過
何苦沒事找差做
正經八百難消受
遊戲文章從未躲

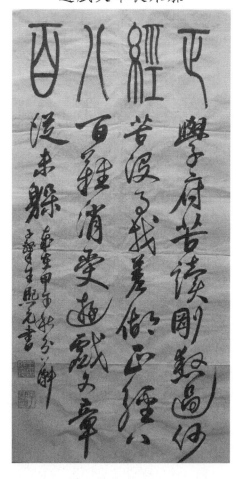

故弄玄虛

咬文嚼字費思索
故弄玄虛不是我
一目了然有把握
明明白白少過錯

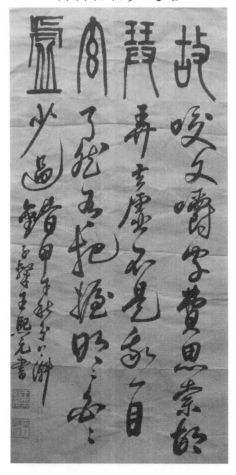

不忌俚俗

賦詩同樂不狂傲
不忌俚俗不見笑
不知不信不造謠
譏諷嘲弄不知曉

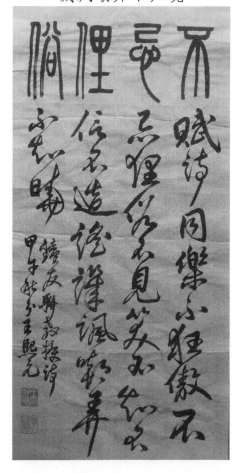

第廿五章　我愛打油詩

書寫　許明山大師

我愛打油詩

我愛打油詩
平仄不受制
口語不避俗
勝義益深思

不痴呆

打油詩最愛
動腦不痴呆
快樂又自在
何不一起來

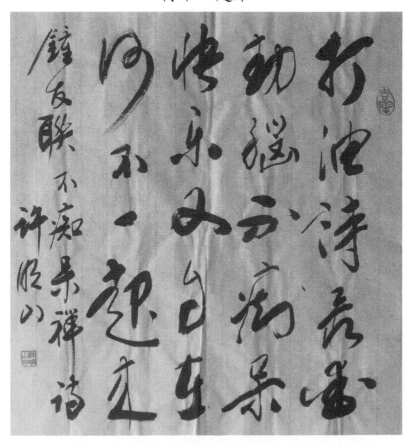

勸善詩

句句有押韻
字字詞意真
口誦易入心
勸善古至今

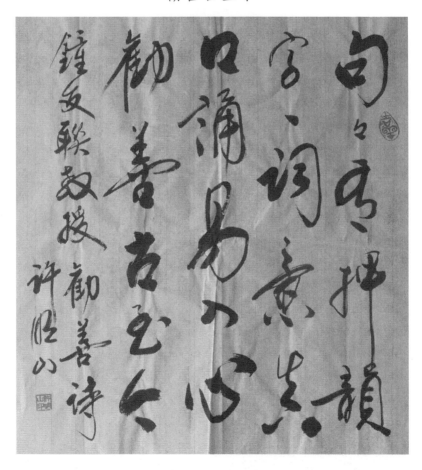

打油詩

每日勤打油
以詩會眾友
交心勝茶酒
喜悅天天有

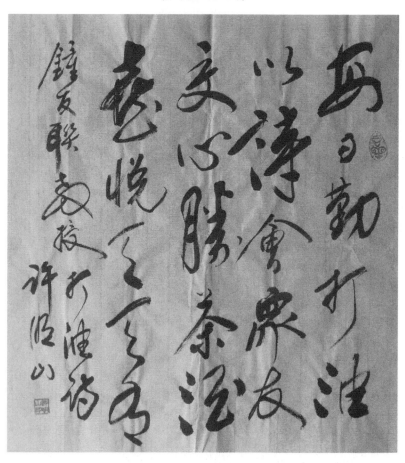

靈　詩

妙語暴出口
會意在心頭
靈詩渡眾生
宛如菩薩手

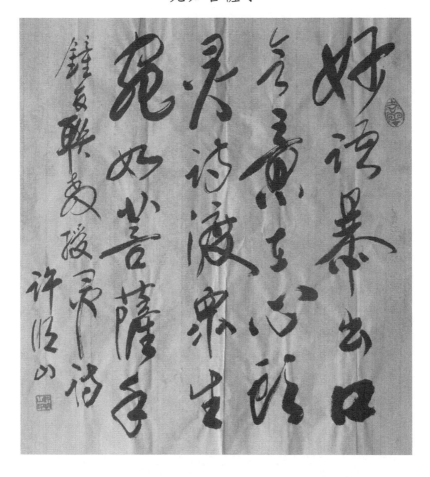

啓示詩

不假思索自性出
脫口而出成串珠
神來之筆啓示詩
天外飛來擋不住

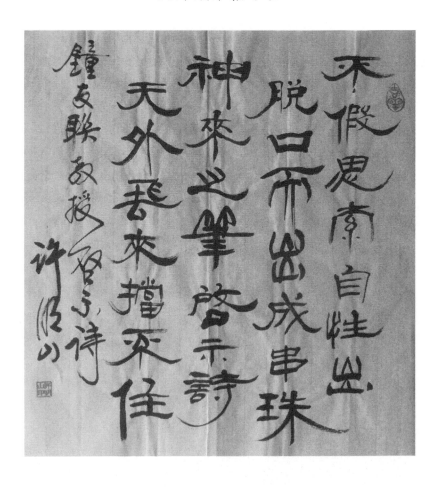

勸世詩

四維八德非八股
普世價值無今古
諸君莫笑我腐儒
做人處事不能無

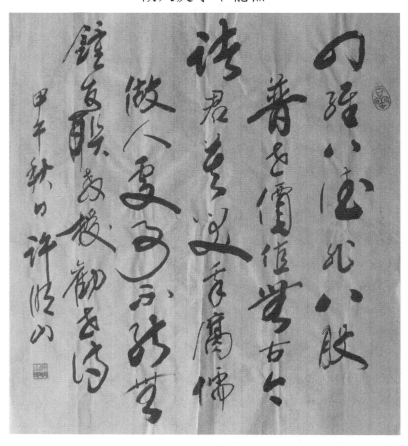

都是詩

茶山相褒唱山歌
地方戲曲歌仔樂
佛教偈語渡娑婆
律詩絕句稱獨特

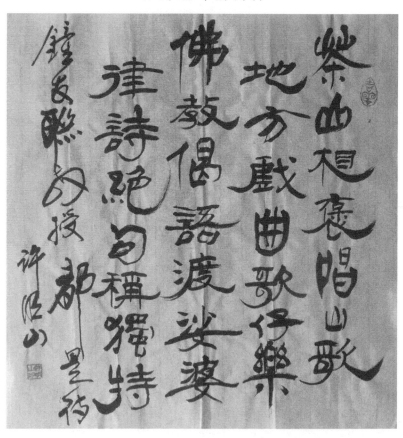

醒世詩

勸世行善醒世詩
破迷啓悟絕無私
紅塵不染天地師
洞悉世情天下知

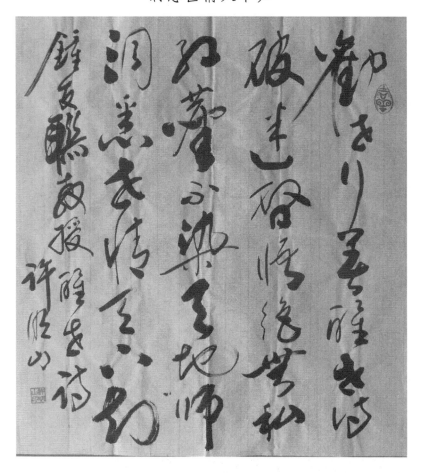

詩渡人

一介書生心地純
舞文弄墨寫詩文
不忍眾生塵海滾
苦口婆心詩渡人

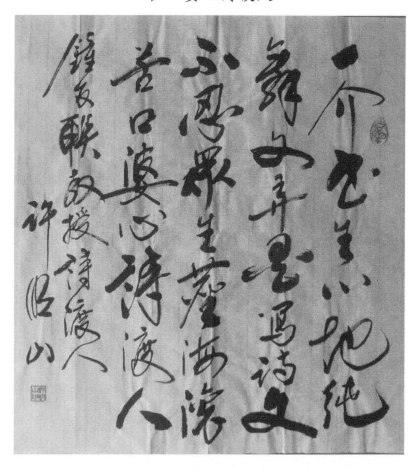

第廿六章　知　音

書寫　伊籐牙城大師

知音少

曲高和寡知音少
活得自在就是好
獨來獨往四處找
若得知音視為寶

有　緣

時空交會點
您我不相嫌
緣起又緣聚
那就是有緣

相疼惜

相知相疼惜
患難共相依
分享不足奇
寶貴是友誼

知音抬

人生似舞台
掌聲不斷來
越演越精彩
全是知音抬

臭味相投

臭味相投寄
知音不足奇
因緣已會齊
奇人終相遇

人間有愛

人間有愛貴情誼
在家溫暖靠賢妻
四海知音有傳奇
腰纏萬貫也免提

覓知音

煮字療饑束肚皮
舞文弄墨純是戲
搏得掌聲讚不移
覓得知音我知趣

歎知音

博學多聞歎知音
坪林山居雅士隱
知音難覓今已覓
伯樂世出語最真

好孤獨

性好孤獨避人群
難合時尚遁山林
曲雖出塵難合迎
合奏知音更難尋

少知音

孤芳自賞幾多春
曲高和寡少知音
性愛孤獨避煙塵
靜居山邊遠人群

第廿七章　以詩會友

書寫　蔡篤釗大師

心情爽

以詩會友心情爽
您來我往舞一場
不想出聲請擊掌
互歌互詠互讚賞

創　作

創作不可一日無
問我何故找辛苦
分享詩文樂何如
不得知音顯孤獨

意相投

吟詩作樂意相投
素昧平生詩為軸
互歌互詠互加油
您來我往群效尤

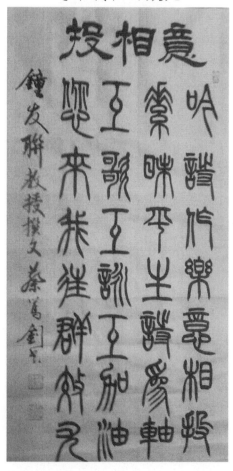

把情寄

以詩會友把情寄
紙上相知何須疑
塵海茫茫雲天際
從來不知怨恨離

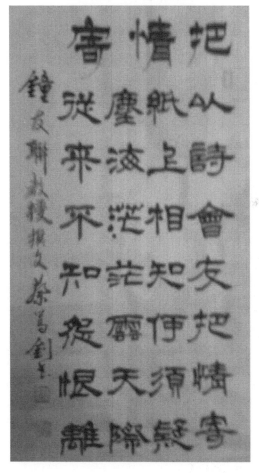

勤塗鴉

以詩會友勤塗鴉
互砌互磋別無他
自娛娛他也不差
共鳴讚賞笑哈哈

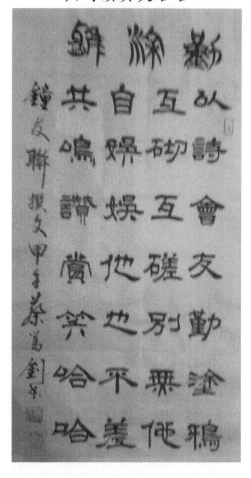

勤琢磨

以文會友勤琢磨
戮力筆耕建詩國
長久不見會想念
再忙也要探個頭

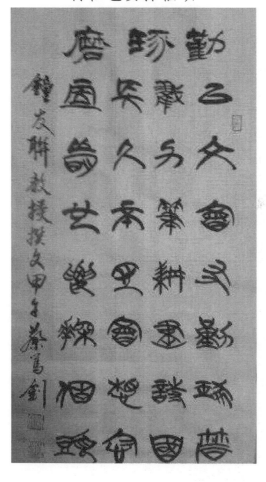

情意眞

以詩會友情意真
別無功利無攀升
志趣相投感動深
互歌互詠道真心

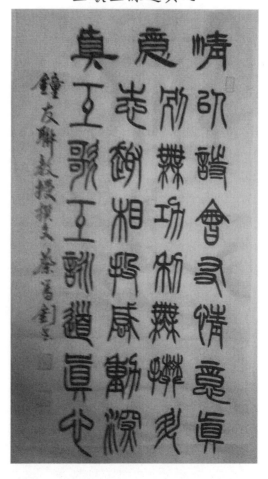

詩為友

素昧平生詩為友
您來我往競打油
情詩有趣皆拍手
觸景生情同感受

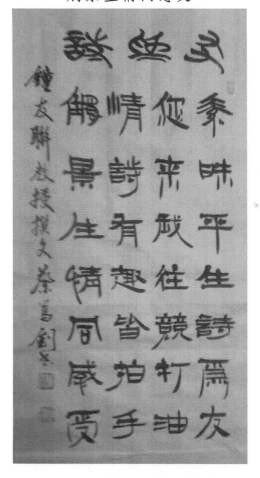

靈　思

有詩日子不藏私
偶得佳句顯靈思
歡喜與共在此時
淘心淘肺全佈施

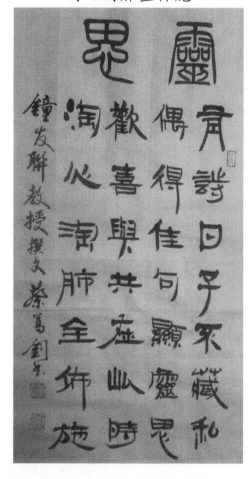

以文會友

您彈我唱山水間
您歌我舞享悠閒
您吟我誦笑哈哈
您讚我詠人間燦

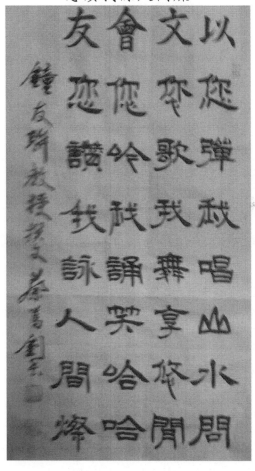

第廿八章　詩　緣

書寫　簡豐益大師

把手拱

不論老中青
藍綠橘黃紅
只待吟詩來
無不把手拱

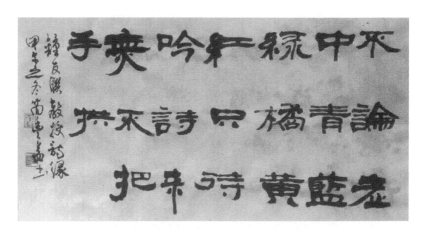

愛吟詩詞

非龍非虎焉用藏
不招不惹不受傷
遊走山林一書生
愛吟詩詞南北腔

詩文滿地

一呼百應同道來
興高彩烈站上台
詩文滿地太精采
樂得老翁笑咳咳

互嬉戲

説東道西講聖義
扯來扯去都有趣
您來我往互嬉戲
大江南北皆兄弟

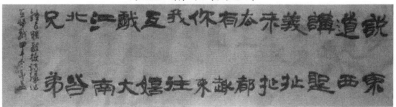

活　泉

覓得活泉心自在
詩文連篇道精彩
三教九流呼應來
筆尖開花人稱帥

勿亂闖

當樂王大山
爽詩有天天
賞人任花好
闖亂勿盼只

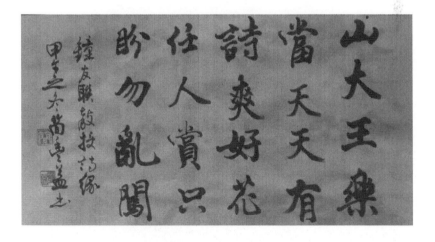

青山翠

做詩我不會
想睏就去睡
半壺酒也醉
最愛青山翠

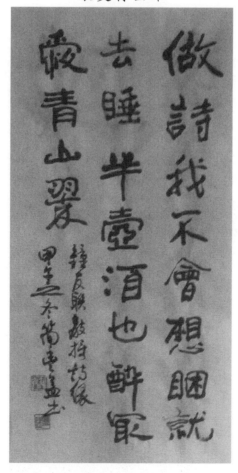

有　詩

有詩堪忘憂
那管茶或酒
杯中未見愁
客來詩必有

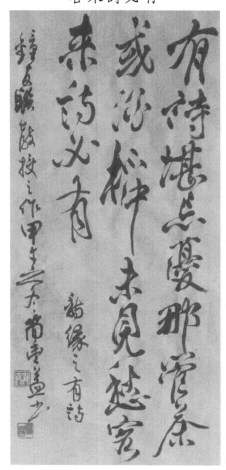

醉花前

山居樂如仙
盡情把詩玩
天天得新歡
笑我醉花前

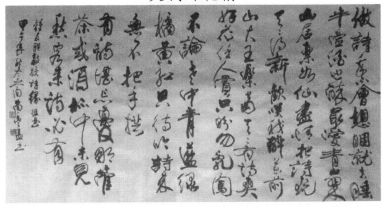

詩　痕

備妥清酒您來斟
放下豪語我來吟
一醉壺中天地大
再飲滿地留詩痕

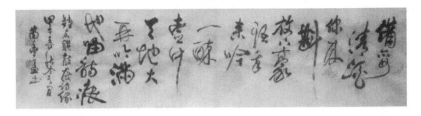

第廿九章　舞文弄墨

書寫　鍾文海大師

雅俗共賞

隨手拈來避泠詞
信筆塗鴉臨墨池
不避俚俗易親近
雅俗共賞勿笑恥

隨手拈來

咬文嚼字我不愛
隨手拈來心無礙
想說就寫真簡單
得開懷處且開懷

山野村夫

四方有客四方來
真人素顏通四海
山野村夫不避拙
你來我往詩文載

妙趣橫生

文字組合變化多
妙趣橫生智慧有
順讀逆解連環讀
妙解本事資質厚

信口開河

文章自古無憑據
之乎也者又何須
談天説地閒人居
信口開河也有趣

舞文弄墨

舞文弄墨人人會
信手拈來有智慧
貴在純真不虛偽
天南地北話一回

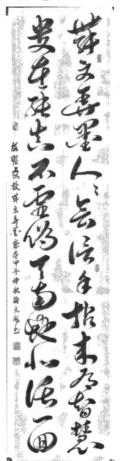

詩文唱和

人生之樂樂如何
詩文唱和聚山河
快意人生等閒人
舞文弄墨笑呵呵

樂趣多

舞文弄墨樂趣多
四方文友來交流
相互啟迪魂出遊
靈思無限樂悠悠

難度日

不要怪我把詩寫
下田還要穿雨鞋
無詩無鞋難度日
務農寫詩思無邪

舞春風

人生如夢舞春風
下筆成文活力豐
點點滴滴來分享
無邊光景將成空

第三十章　詩　狂

書寫　余祥敦大師

入　味

午夜驚夢回
傳詩訴心扉
酸甜皆入味
幾無言以對

有　味

詩中情誼貴
句句都有味
步步走得對
仰天俯無愧

回　味

只因愛多嘴
挑逗終不悔
清流天下最
久久耐回味

筆墨香

客來無茶荒
揮筆舞詩賞
但聞筆墨香
遠勝茶酒夯

詩　狂

無酒亦能詩
天下無難事
有寶不藏私
狂妄已近痴

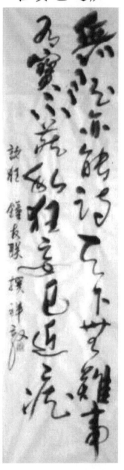

到　味

擁詩入眠睡
無酒茶亦醉
醒來把筆揮
句句都到味

對　味

千里詩相會
贈詩稱寶貴
靈犀通對味
一吟心就醉

妙　筆

妙筆勤揮灑
偶得生法華
問道走天涯
何如覓歸家

詩中味

細細品幾回
方知詩中味
深情已到位
教我怎不醉

得　詩

山水潤靈台
望眼皆題材
舞文展長才
得詩樂開懷

第卅一章　出　詩

書寫　張香大師

出　詩

老天剛報曉
大地一片好
歡喜心雀躍
出詩將心表

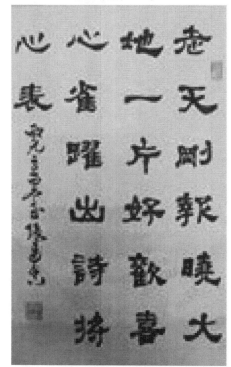

感　恩

感恩群粉絲
天天讀我詩
偶而出遊去
有勞望眼痴

等無詩

苦苦等無詩
恍恍悵若失
雲遊登山去
何時可班師

吐　詩

春蠶勤吐絲
老翁愛作詩
蓄積能量足
不懼無靈思

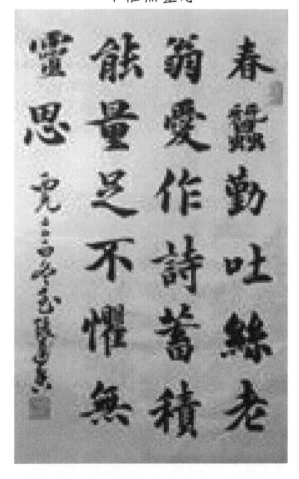

詩中會

千里詩中會
知音知寶貴
同氣常相和
句句有品味

戲　詩

忽聞把詩戲
恰似天上曲
清新不用疑
話頭別有意

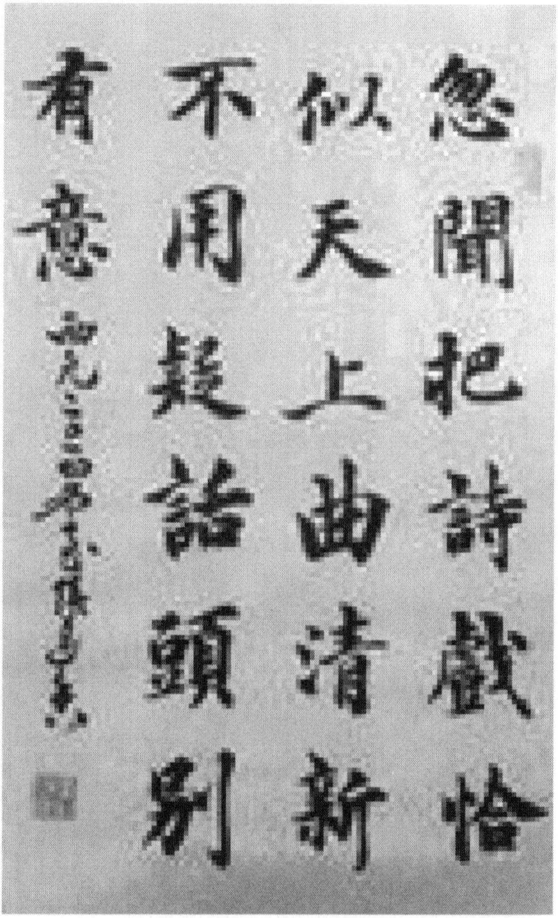

戀山林

明知詩友痴
熱血沸騰赤
猶戀山林馳
出句意遲遲

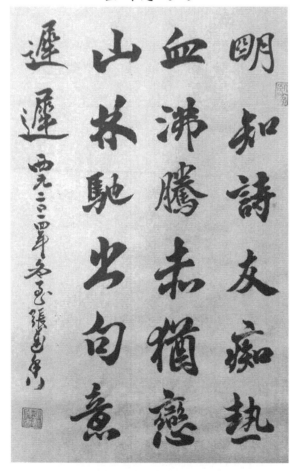

詩聒噪

天天詩聒噪
切莫嫌叨嘮
興來參一腳
雅趣通人曉

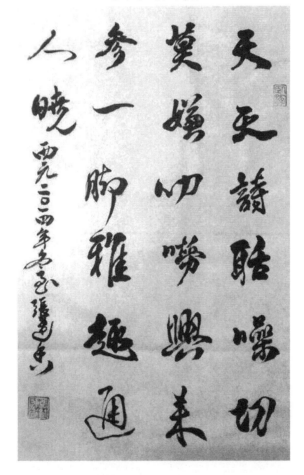

猜　猜

秋日意遲遲
連日神若失
詩翁何處去
猜猜奉何旨

自　知

天天把字織
淺陋我自知
不堪敵橫視
自娛自奉此

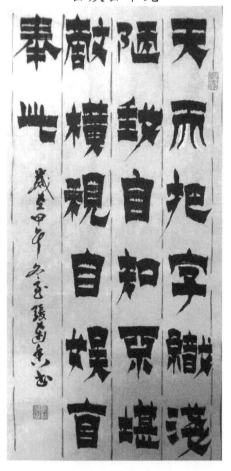

第卅二章　詩　味

書寫　黃壽全大師

忘　塵

鄉野無人問
隨手寫詩文
追回赤子心
開懷幾忘塵

詩　意

大筆輕輕揮
五彩繽紛墜
詩意纏綿美
流連幾忘歸

無　詩

閒居酒來陪
豪情氣勢銳
有酒稱富貴
無詩求一醉

有詩最美

煙花夢逐追
到頭終須悔
繁花盛開媚
偶得詩最美

詩　味

對作愛詩吟
吹在我是不
味詩有要只
醉能也酒無

奉　陪

隨相常墨筆
會相來端雲
陪奉我詞詩
醉心開唱吟

寫下詩句

天天把筆提
寫下詩句喜
有情是大地
識者競相題

詩　趣

閒居不喊累
蝶鳥常相陪
詩趣常紛飛
無酒也能醉

自 娛

吃穿不用愁
山居美景誘
不忘勤打油
自娛娛童叟

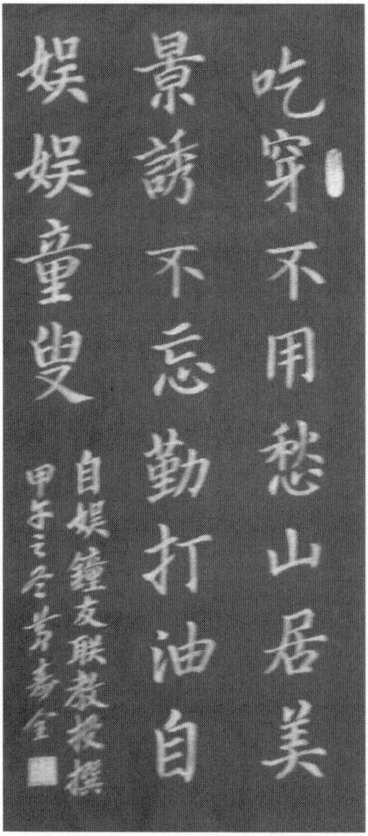

一籮筐

頂門見天光
塵勞幾全忘
筆墨隨手揚
詩詞一籮筐

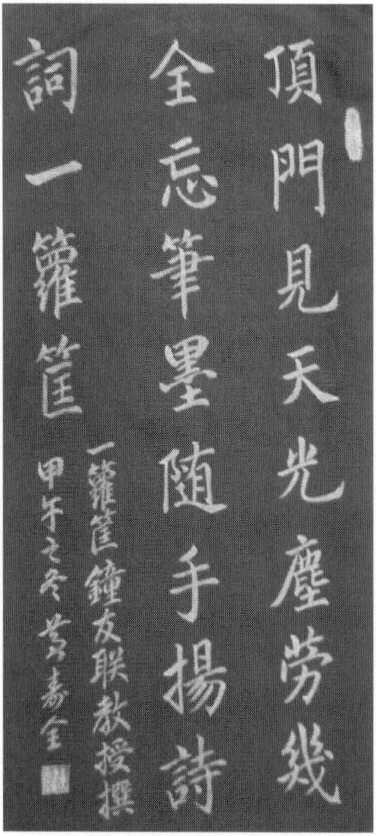

第卅三章 舞墨揮

書畫 張鎮金大師

舞墨揮毫

舞墨揮毫我羨慕
龍飛九天金鳳舞
心手相連雜念無
運筆揮灑意自如

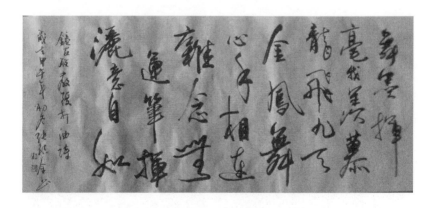

洩漏天機

步步成詩得自禪
定靜安慮得天產
出口成詩若湧泉
洩漏天機破殼難

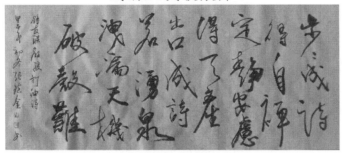

創作之苦

創作之苦少人知
寂寞難耐影單隻
日子清淡常苦思
偶得靈感若吐絲

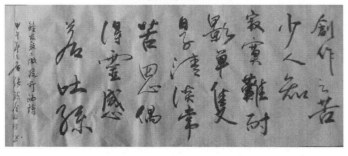

傳眞意

塗鴉牆上傳真意
有緣識得穿心喜
會心一笑有靈犀
振聾發聵驚雷霹

塗　鴉

把紙塗鴉非兒戲
信手拈來傳理趣
片言隻語頻寫意
且莫輕忽得天機

領風騷

創意領風騷
藝文千秋昭
萬古一把刀
詩文正發燒

褒　歌

傳　詩　吟　意　情
喚　底　心　聲　聲
間　俗　俚　歌　褒
萬　千　千　傳　流

相褒

採茶唱山歌
相褒情難捨
人文映山色
佳句隨手得

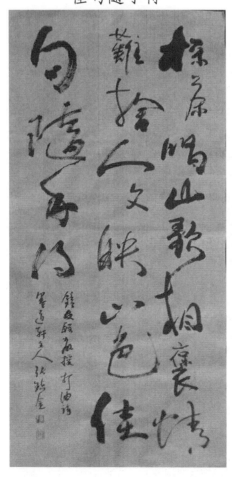

創　意

文學搞創意
格律成變體
字數不受限
一韻押到底

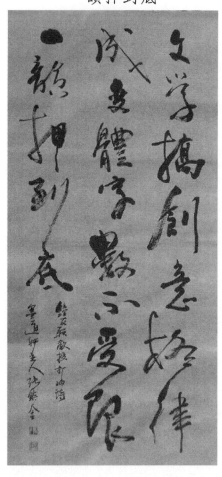

創　作

創作有內涵
詩文並佛禪
山川須飽覽
技藝再相參

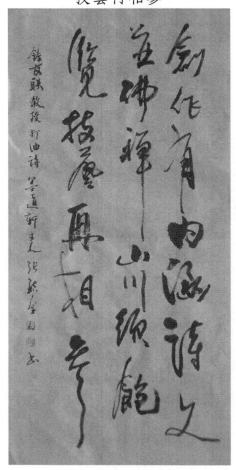

第卅四章　詩人狂

書畫　廖文潭大師

無　詩

破曉現曙光
但望這片窗
直到炎日赤
無詩心頭慌

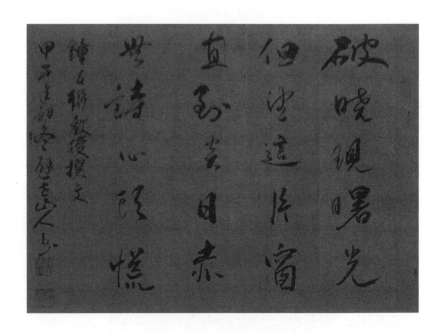

詩人狂

清風無雲憑欄望
遙想古今詩人狂
靜夜長空弄醉月
天地芻狗齊消亡

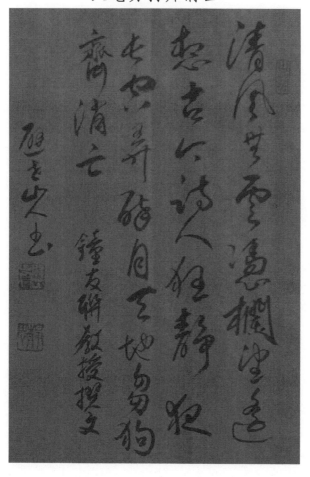

第卅五章　笑談詩書

書法　木舞山人大師

直行去

讀詩容易寫詩難
批評毀謗更簡單
放下萬端直行去
我行我素我平凡

笑談詩書

仰首天外雲歸鄉
環顧人間茶飄香
溫飽知足身體強
笑談詩書傲群芳

陶　醉

有歌有舞青山翠
無茶無酒亦陶醉
佛曲靜心靈堪慰
偶寫詩詞顯智慧

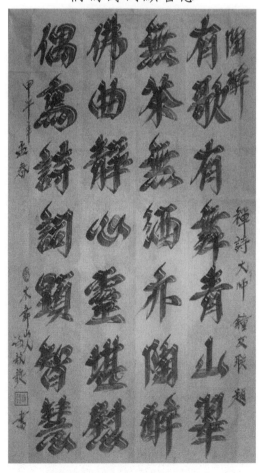

志不改

呼我帥翁天上來
吟詩作對似李白
荷鋤耕犁志不改
上山下海有舞台

無佛處

呼我詩翁蒼生誤
笑傲狂歌無佛處
百無禁忌脫口出
筆墨快意且輕忽

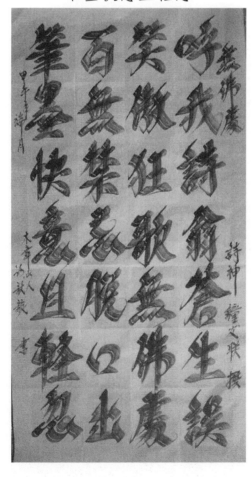

詩畫相會

藍天白雲追
萬巒疊青翠
山水相依偎
詩畫常相會

共飲一杯酒

知音共飲一杯酒
忘卻塵勞紛爭醜
且把詩詞高歌秀
羨煞神仙下凡留

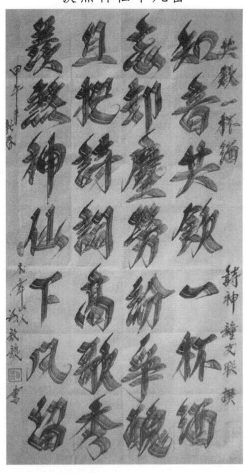

得　詩

山水潤靈台
望眼皆題材
舞文展長才
得詩樂開懷

漫吐詩書

漫吐詩書成我願
紅塵俗事全都捐
日行不輟心不閒
有志一同共結緣

第卅六章　相　知

書寫　黃國雄大師

獨　行

千山我獨行
落寞唯您撐
知音那兒去
埋首往前衝

得知音

知音難得今已得
夫復何求自慶賀
花兒自開又自落
幾何人生享歡樂

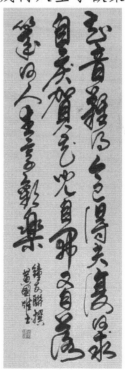

知音賞

雅士常相訪
難得知音賞
以文會友樂
感人夏日爽

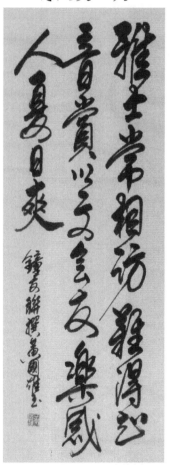

相　知

伯牙會子期
知音起漣漪
相知且相惜
感動不足奇

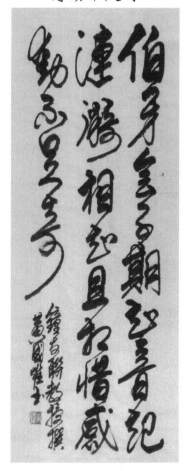

人人要

知音人人要
不怕人來鬧
山林有雅趣
盼能常報到

翻　新

網海覓知音
慰我孤寂心
伯牙會子期
今古大翻新

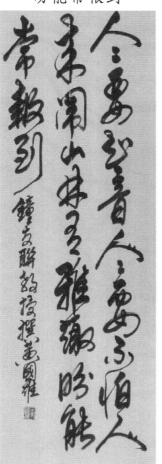

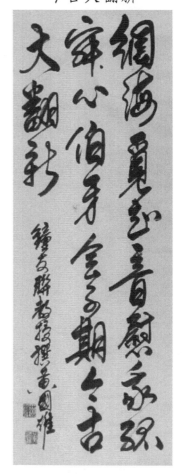

有 益

知 音 難 覓 今 已 覓
難 得 山 客 心 思 密
舉 一 反 三 啓 新 意
多 聞 直 友 真 有 益

知 音

古 今 文 人 重 知 音
伯 牙 子 期 今 難 期
知 音 相 惜 相 扶 持
若 遇 知 音 要 珍 惜

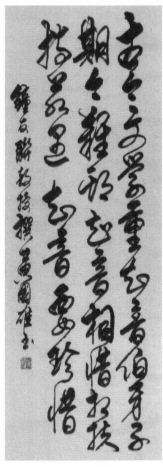

擁有知音

擁有知音復何求
三言兩語關懷留
久不出現會想念
相互祝福久久久

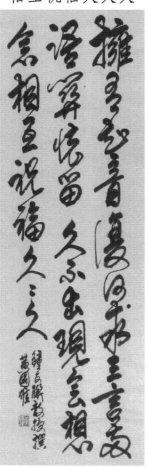

得　遇

無形財富智慧積
知音相遇相疼惜
難遇得遇因緣聚
相識相知相激勵

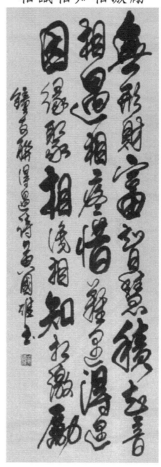

第卅七章　文字遊戲

書寫　李東東大師

天地寬

文字遊戲玩
吸引竟千萬
隨手筆到來
道盡天地寬

詩　心

美景誘詩心
筆耕難入眠
早晚傳詩文
文友也真神

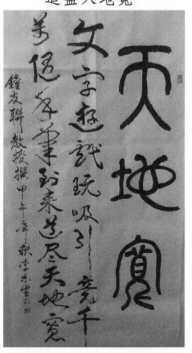

搔　首

搔首髮短白
破曉下床來
就為那幾句
何苦也來哉

知音拱

塗鴉傳心聲
俚俗隨口誦
難登大雅堂
竟得知音拱

品　味

百千枯腸搜
只愛這一首
品味角度高
教我悶心頭

靈　光

靈光似火花
瞬間就爆發
偶然得佳句
不誦也開懷

文字遊戲

每日把詩寫
管他股價跌
自吟自得樂
狂歌滿山野

舞　墨

舞墨如翻掌
文采我投降
游刃猶有餘
風雅令人賞

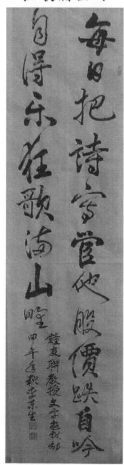

辭不深

今天不出門
歡喜把詩吟
別笑辭不深
下筆情意真

把筆試

山中無煩事
又防腦袋痴
健身健腦力
不忘把筆試

第卅八章　天　趣

書畫　黃瑞銘大師

不　醉

您我互吟唱
勝過酒千觴
靈性日漸強
不醉心茫茫

禿　筆

禿筆寫心聲
字字留見證
不必問蒼生
縱橫自馳騁

禿筆寫心聲
字字留見證
不必問蒼生
縱橫自馳騁

鍾友聯教授撰
乙未夏黃瑞銘書

您我互吟唱
勝過酒千觴
靈性日漸強
不醉心茫茫

歲在乙未之夏鍾友聯教授
雅詩乙首黃瑞銘書於東海

天　趣

詩句透禪機
讀來有情意
文字見平易
隨手得天趣

自　娛

天生魯且愚
唯愛這隻筆
胡言純自娛
且莫嗤之鼻

天趣

詩句透禪機
讀來有情意
文字見平易
隨手得天趣

鍾友聯教授撰乙未夏瑞銘書

自娛

天生魯且愚
唯愛這隻筆
胡言純自娛
且莫嗤之鼻

雅詩二首黃瑞銘書
歲在乙未仲夏錄鍾友聯教授

這隻筆

上天早應許
舞弄這隻筆
乍看如兒戲
近道且莫疑

順口溜

不學無術無高論
遊戲文章有夠遜
自娛娛人何必損
順口溜溜言也諄

這隻筆

上天早應許

舞弄這隻筆

乍看如兒戲

近道且莫疑

歲在乙未之夏詠鐘教授
雅詩乙首黃瑞銘並於藝術街

順口溜

不學無術無高論

遊戲文章有夠遜

自娛娛人何必損

順口溜溜言也諄

乙未仲夏鐘友聯詩乙首瑞銘並

我　狂

靈思互激盪
詩海掀巨浪
毀譽放兩旁
不計笑我狂

我狂

靈思互激盪
詩海掀巨浪
毀譽放兩旁
不計笑我狂

歲在乙未之夏祿友聯大師雅話
黃焜銘書於龍坪

出口爽

本是打油郎
無學出口爽
何故詩壇闖
粗鄙難登堂

出口爽

本是打油郎
無學出口爽
何故詩壇闖
粗鄙難登堂

歲在乙未之夏祿友聯大師
雅話乙首黃焜銘書於龍坪

硯　田

硯田免稅子孫耕
心田無私代代興
江湖術士難以侵
紅塵濁世不昏庸

追跑跳

之乎也者我不要
本是草包不必笑
長袍馬褂早拋掉
上天入地追跑跳

硯田

硯田免稅子孫耕
心田無私代代興
江湖術士難以侵
紅塵濁世不昏庸

鍾友聯教授撰之末賡黃瑞銘並

追跑跳

之乎也者我不要
本是草包不必笑
長袍馬褂早拋掉
上天入地追跑跳

歲在乙未仲夏鍾鍚教授雅詩之首
黃瑞銘書於墨香之閒以作紀念

天下事

已經寫盡天下事
才知火宅欲正熾
那知玄關未悟透
本來面目尚未識

天下事

已經寫盡天下事
才知火宅欲正熾
那知玄關未悟透
本來面目尚未識

鍾友聯教授撰乙未之夏黃瑞銘書

少束縛

正經八百太嚴肅
突破格律少束縛
吾非古人不受制
嬉笑戲謔且莫忽

正經八百太嚴肅
突破格律少束縛
吾非古人不受制
嬉笑戲謔且莫忽

戲錄鍾友聯教授雜詩乙未之夏瑞銘書

箴　言

日子不容混
辛勤創詩文
箴言句句真
勸化渡群倫

出　奇

愚魯難自棄
不懂大道理
舞弄這隻筆
偶得言出奇

箴言

日子不容混
辛勤創詩文
箴言句句真
勸化渡群倫

鍾友聯教授撰　黃瑞銘書於臺北

出奇

愚魯難自棄
不懂大道理
舞弄這隻筆
偶得言出奇

歲次乙未仲夏書鍾友聯
詩之一首　黃瑞銘書於臺北

第卅九章　放字訣

書法　陳冠宏大師

放　棄	放字訣
禪中悟得放字訣	解脫自在放字訣
操之在我有擇抉	心無掛礙菩薩覺
當捨能捨智慧解	為道日損少一些
放棄追逐仔細學	放下丟開神仙學

放　飛

鷹揚萬里自在遨
天馬行空限制少
創意無邊趣味饒
自由自在放飛好

放　聲

林下水邊放聲吼
藍天白雲不回頭
肺腑濁氣全放走
腦門舒暢有清流

放下難

肩挑手提放下易
煩惱掛念難平息
有形易放無形難
世事糾纏終難移

放　眼

放眼天下盡一家
萬物一體語非假
打開視野廣天下
三千大千世界大

放　水

嚴格把關不放水
鐵面無私管他誰
無心之過何必追
寬以待人動心髓

放　懷

神仙留下放字訣
放開胸懷萬象接
豁然開朗不言謝
煩惱掛礙全解決

放　空

覺醒這一刻
當下得慶賀
生死全可歌
放空無負荷

放　置

千緒萬端暫擱置
阡陌縱橫如編織
沈澱思緒抽縷絲
撥雲見日可順勢